作田明の生涯

犯罪精神医学者の歩んだ誇り高き里程

丸山久美子 著

聖学院大学出版会

一粒の麦は、地に落ちて死ななければ、
一粒のままである。
だが、死ねば、多くの実を結ぶ。

（ヨハネによる福音書一二章二四節、
『聖書　新共同訳』日本聖書協会）

目次

【特別寄稿】

はじめに

人類の喫緊の課題は、地球温暖化、世界的レベルでの高齢化と少子化、人工知能導入による技術革新であろう。もはや人工知能なしでは生活できないほどの傾向が一般社会に蔓延《まんえん》し、片手にスマートフォンを持った多くの老若男女が、わき目もふらずにじーっとそれを見ている光景を多くの場面で目にする。医学の進歩とともに、かつて多くの偉人たちが夢見た「永遠の命」に対する渇望がにわかに現実化し、人間は長寿化しているが、その反面、幼児が減少するという歪んだ社会構造が形成され始めている。明治時代には、将来を嘱望された若者たちが結核や肺炎であっけなく死亡した。今日でもなお、快癒の可能性が高まっているとはいえ、「癌《がん》」という病が若い命を奪ってゆく。しかし、人間の探求力と好奇心ゆえの医学の急速な進歩は、癌の早期発見と完治を可能にし、また共存を可能にし、長寿を保てるようになった。

だが、六十歳の働き盛りに癌によって逝去した犯罪精神医学者・作田明の無念を思うとき、まるで死に急ぐかのように業績を積んでいった彼の心意気に、その無念さとは別の、崇高な彼自身が作り上げたその実存が鮮明になる。

　作田明は多才な人で、作田家という医者の家に生まれたために、医者にならなければならない宿命を持ち、それを見事に果たしつつ、さらに多くの実践の場において、病める高齢者のために病院を数多く設立し、かつても今も作田家には全く考えられない大規模な病院群の経営を一人でこなし、多くの学問的業績を残しながら、この世を去った。社会的責任を果たすためのこの大事業は、作田家の一員であった彼の背に重くのしかかり、その責任の重大さが彼の肉体に取りつき、思いもよらない病を引き起こしたのかもしれない。だが彼は、作田家に生まれた一人の医者として自分の生涯の最後を見つめる姿勢を固め、自分のなすべき責任のあり方を透徹した、孤高なその眼差しで見据えた。「作田明記念財団」の創設はその一端である。そして、犯罪・非行の防止、および犯罪者・非行少年の矯正・更生に著しい貢献をされた個人や団体の功績をたたえるために「作田明賞」をそなえた。

「作田明賞」の第一回の受賞者と審査員に囲まれて端座する彼の含羞《がんしゅう》に満ちた微笑みの裏には、期待と不安が渦巻いていた。しかし彼にとって、この期待と不安はキリストの十字架の痛みに比べれば何ほどの事でもなかった。

　彼は、人々をねぎらい、ただ一人になると、心静かに祈った。

彼は重い十字架を背負いつつ、キリストの十字架の痛みに自分の痛みを合体させていた。
「すべて重荷を負うて苦労している者は、私のもとにきなさい。あなたがたを休ませてあげよう」（マタイによる福音書一一章二八節）という聖書の言葉が彼を勇気づけた。

作田の家はキリスト教とは全く無縁であったが、明はキリスト教系大学で、医学以外の多くの書物を読み、多くのキリスト者に触れて、いつの間にか心が癒やされるのを覚えるようになった。とくに、新約聖書「マタイによる福音書」一一章二八節から三〇節のキリストの言葉に勇気づけられた。なぜか、キリストの十字架の痛みが彼の心を貫徹し、それに比べれば、自分の心身の痛みや多くの重荷など何ほどのことであろうか、と思われた。

かくして、彼はキリスト者になった。周囲の多くの人々はこの事柄の大きさを理解しなかったかもしれない。だが、彼の軛《くびき》はキリストによって軽くなったのである。

これから、作田明が彼の人生の全てをかけて作り上げた多くの業績を紐解《ひもと》きながら、彼の歩んだ道をたどり、彼の透徹した魂の道程を共に歩んでみよう。

聖学院大学名誉教授　丸山久美子

一　作田家の歴史

作田家は江戸時代には名字帯刀を許され、千葉県九十九里町の作田村で代々網元を営んでいた。その家系をさかのぼると、祖先は十世紀に平将門に加勢した有力武士であったといわれている。作田家は、医者とは無縁であったが、作田村の地元の代表として村民から慕われ、網元であったから資産家であり、地元の人たちの援助や救済に積極的に尽力している。作田村の旧作田家の家屋は、川崎市多摩区にある「日本民家園」に移設され、十七世紀末に建設された豪壮な姿を重要文化財としていまも残している。

明治になると、それまで鎖国をしていた平和な島国日本は、外国人の出入りが自由になり、貿易や交易が盛んとなり、これまでの仕事の方法が通用しなくなった。家業がしだいに衰退し、さまざまな事業に手を出しては失敗するという状況は作田家ばかりでなく、この時代の旧家は同じ運命を背負った。この時代に裕福であったのは交易商が主であろう。

作田晋（祖父）

　やがて、作田村は疲弊し、作田家の跡取りではなかった作田晋《すすむ》（明の祖父）は、自身の活路を拓くためには一念発起して上京し、医者になることが近道と考え、とにかく医学校に入学し、医者になる覚悟を決めた。彼自身は国文学者になりたいと思っていたのだが、そんな地味な学問は大金持ちの息子のすることである。もし作田家が昔のように裕福な家柄であったならば、彼は医学ではなく文学への道を選んだはずだった。だが、時代の変化の荒波を潜り抜け、平安な暮らしをするためには何をするべきか、懸命に考えて作田晋は奮起した。

　文学者になりたいという自分の願望を成就させると、家族を路頭に迷わせるだけで、責任を果たせない。医者になることが最も近道であり、そうすれば家族が安心して暮らせることはよくわかっていた。覚悟を決めて医学校に入学すると、昼夜を問わず勉強に励み、医学を修得し、早速、町医者になるために家族のもとへと帰還した。

　こんな次第で、作田晋は奮起して家族のために、将来を見据えて医者の免許を取得したのだった。作田家が代々医者の家業を継ぐべく定められた遠因である。

　晋は医学校を卒業し、東京の下町、深川に診療所を建て、多くの貧しい人たちを診療した。とにかく、深川の多くの日本人は貧しかったが、とくに朝鮮人は差別冷遇され、日本人以上に貧困のどん底で喘《あえ》いでいた。晋は積極的に救済の手を差しのべ、彼らの病を癒やした。晋はひげを生やしており、「ひげの先生」として慕われ、多くの貧しい人々を助けた。山本周五郎の時代小説の『赤ひげ診療譚《たん》』のようではなかったかと思えるほど、人情にあふれていた。後に、地方に住んでいた親戚縁者が作田家を頼って上京するようになると、晋は彼らを書生として遇し、多くの研鑽《けんさん》を積ませた。

晋は三男一女に恵まれた。晋の初めの連れ合いの桂子は長男淳《じゅん》を出産後他界し、後添いのダイとの間に、息子が二人、娘一人が誕生した。長男の淳は過って、ダイを自分の本当の母親であると思っていたが、実はダイが後添いで、自分の義母であると知ってからは、それまでは勝手放題にダイの手を煩わしていたが、急変して聞き分けのよい子どもになった。二人の男子、長男淳と二男桓《たけし》は慈恵会医科大学に入学し、医者になった。長男淳の連れ合いである静子も東京女子医学専門学校出身の医者であった。また、長女文代も日本医学専門学校出身の医者である安江修と結婚した。三男の浩は、医者ではない道を選んだ。頭が良く、ある時期は病院の事務長の職に就いたこともあった。どういうわけか、作田家に関わる人々は多くが医者であった。医者の血統は代々継続することはよく知られているが、作田家も同様であった。

このように医者の一族になった作田家ではそれ以降、子どもたちは暗黙のうちに医者になるべく定められていた。それが作田家の「しきたり」として現存することになる。

当時の深川は東京とはいっても、海抜ゼロメートル地帯で、台風や大雨が降るとすぐに浸水して、通行困難になるような所だった。しかし、役所仕事は例にたがわず、遅々として進まず、患者が病院へ来る道筋はきわめて困難を伴った。そこで、晋と息子淳は彼らのために自分たちで経費を払い、患者が病院へ円滑に来ることができるように道路整備をして、彼らの苦情を自分たちの手で解決したのである。そのことによって患者は助かり、病院はたくさんの患者に恵まれたことは言うまでもない。

しかし、晋は医者を長く務める気はなかった。早く、長男淳に自分の診療所を継いでもらいたいと願っていた。それを察した長男の淳は優秀な頭脳の持ち主で、小学校を一年、中学校を一年、合計二年飛び級して二十二歳で医者になり、父の仕事を継いだ。このような優秀な子どもなら大抵は学者になるはずだが、彼は長男の義務として少しでも早く親を楽にしたいと思い、早々と医業に専念した。すぐに、伴侶としてその頃は珍しい東京女子医学専門学校を卒業したばかりの静子と結婚し、夫婦で晋を助けた。そして、淳と静子の間に三人の男子、長男勉《つとむ》、次男学《まなぶ》、三男

学6歳・明3歳（1953年）

明が誕生した。静子は医者であったので、ほとんど日常の生活のことは晋の後添いのダイが引き受け、ダイは祖母として三人の孫たちの面倒も見た。ダイはかなり手厳しい義母であり姑であったから、静子は中山病院の仕事や子どもの教育などでかなり苦労した。

ダイの死後は、晋の内縁の関係にあったという今井千代（元芸者で置き屋の女将、中山病院の内科の患者）という女性が三人の子どもたちの面倒を見るようになった。千代は晋が愛した人で、教養のある女性であった。後添いの亡くなった寂しさも手伝って、内縁の関係を結ぶことにより、作田家の人となった。晋とは仲が良く、いつも二人で旅行に出かけたし、千代は三人の孫たちを非常にかわいがった。三人の息子たちの面倒を見てもらい、医者である静子は中山病院での多忙な日々を懸命に働くことができた。また千代は、静子にさまざまなマナーを教えてくれる良きアドバイサーでもあった。千代の豊かな世間的知識とやさしさ、人情味にあふれた人柄で、作田家全体はいつも明るくにぎわっていた。淳と静子の三人の子どもたちは、千代を本当の祖母のように心から受け入れ信頼していた。

晋の生きざまは波乱万丈で気ままであったが、人情にあふれ、苦言ひとつ言わず労を惜しまず、何事にも動じない大胆不敵な人であった。晋は九十三歳まで生きたが、当時の社会状況から見れば、きわめて長寿であった。

晋は何でもこなす町医者のような医者であったが、息子淳は、晋がとくに内科、小児科を専門としていたので、精神科を希望した。結婚当初は作田病院の院長である晋の病院を助けていたが、やがて、深川森下町で開業医になった。まもなく、戦火が厳しくなり、子どもたちは母親の実家、和歌山県の古座川町に疎開した。

終戦後、東京は焼け野原であったので、淳一家は千葉県市川市中山に移り住み、そこで開業したが、繁盛しなかった。そこで、淳は精神科医であったから、新聞に「精神病院求む」と広告した。すると、中山法華教寺の檀家総代が会って話したいことがあると申し出てきた。早速、淳はこの話に乗り、知人から大金を出してもらってやっと、檀家のための保養所を精神病院として手に入れ、一家は中山精神病院に移動した。

こうして、晋は息子淳のおかげで、やっと安住の地が与えられたと思った。彼は必ずしも神仏を信じる人ではなかったが、このような立派な寺院の所有していた施設が自分たちの手に入ることを心から感謝した。そして、晋は病院経営をすべて息子淳に任せ、自分は隠居生活をすることにして、患者たちの話し相手、家畜の世話をしたり、中山病院の庭の手入れなどをして、比較的のんきに患者の面倒を見ていた。

そうしたある日、従業員代表が、理事長である淳と静子に面会を求め、労働組合が結成されたこと、従業員の待遇改善策はもとより、理事長夫妻は経営能力、管理能力も医師として欠如したところがあるので、即刻退陣してほしいという要求を突きつけてきた。

まさに、驚天動地である。

その日から経営陣と従業員側との闘争が始まった。作田明は当時小学校に入学する前で、自分をかわいがってくれていた事務員や看護師が冷たく、手のひらを返したような態度を取るようになり、愕然《がくぜん》としたことを覚えているという。

中山病院大争議は千葉県の労働運動史に残る大事件といわれ、当時は連日のように報道された。

現実には、この労働闘争の裏側には悪質な病院ブローカーの介入があったのだが、当時としてはワイドショー並みの大事件であった。ともかく、新理事長は身内ではなく、千葉大学名誉教授の松村粛《すすむ》（淳と静子夫妻の恩師）に決まった。奇跡が起きたと誰もが思った。

松村粛は月に一度中山病院に来て、当時中山病院の顧問をしていた三浦岳栄慶應義塾大学名誉教授と共に作田夫妻と会食した。当時慶應義塾中等部に在籍していた明も同席して、さまざまな話を聞いた。このように学生時代から大教授と同席できるというのは稀《まれ》であり、ある種の帝王学に違いないであろう。その場で、明は多くの学識を得たような気になったという。

作田明の原風景であるこの中山病院は二回火災に遭った。

作田淳・静子夫妻の三人の息子は、いつの間にか、三人ともに作田家の一員であるからには、医師になることを暗黙のうちに了解し、それを作田家の「しきたり」とした。それゆえ、作田家では是が非でも医学の免許を取得することが大事な免罪符のようなものになった。二人の兄たちは素直にこの鉄則を守り、やがて医学界の重鎮となった。しかし、明は二人の兄たちの行動を疎ましく見ていた。最も優秀な素質を持って将来を期待されていた三男の明は、兄たちのように作田家のしきたりをそのまま継承するような息子ではなかった。明は慶應義塾高等学校時代には、生徒会の会長になり、率先して学生運動に加わり、マルクスやレーニンが書いた書物を読破し、彼らの主義主張を訴えた。やがて、大学受験となったが、彼は到底医学を専攻する気にはなれず、経済や文学系の学部に入学したかった。もし、彼が作田家のしきたりにつながれていなければ、そのまま慶應義塾大学で経済学を学び、経済界を牽引していたかもしれない。だが彼は、代々網元の息子で、漁業経営者の一族の一人であった祖父が、時代の変化により意を決して医学校に入学し、医者になったことを知っている。明はその血統は紛れもなく、自分の血に流れていることを無意識のうちに感得していた。

「ともかく、医師の免許を取得しさえすれば、あとはどうにでもなる」という両親の声を聴いて、三浪の末に合格したカトリック・キリスト教系の聖マリアンナ医科大学で、彼は思いもかけずキリスト教と出会う。初めて彼はキリストの十字架像や礼拝堂を目にした。必修科目となる「キリスト教概論」や「キリスト教倫理学」を単位取得のために否応なく学んだ。しかし、この体験こそが、彼がこれまで考えてもみなかった「キリスト者」への遠因となるのだった。

明は二人の兄に勝るとも劣らない優秀な頭脳を持っていたが、趣味や嗜好、思想が全く異なった。彼は医学以外のさまざまなものに興味関心を持ち、それゆえに、思い描くことさえできない多難な道を歩むことになる。その道の先々に待ち受けている多くの試練は、むしろ彼の魂を躍動させる大きな動因となるのである。

二　幼年時代の原風景

作田明は、一九五〇年六月二十九日、千葉県市川市中山の中山病院の院長・作田淳と静子の三番目の息子として生を受けた。

父が院長を務める中山病院は、日蓮宗大本山正中山《しょうちゅうざん》法華経寺(1)の敷地の一角にあった。中山病院は、中山法華経寺が所有していたときは病人の信者の保養所であり、その施設を檀家総代から譲り受けて開院したものだった。

つまり、参拝者の中の長患いをする病人や仏のご利益を求めて寝泊まりする病人のための保養所であり、看護師が寝泊まりして病人の介護をする病院のような役割を果たしていた。その病院を買い取って、近代化させ、設備やスタッフを備えたのが父淳であり、それが中山病院の始まりである。精神病院は多くの場合、古くはおしなべてある種の保養所であり、しだいに病院の体をなしてきたという経緯を持つ。京都岩倉の大雲寺境内にも、湧き出る霊泉により〝心の病〟の治

中山法華経寺祖師堂

中山病院入口

中山病院

癒を願う人々が集まってできた、似たような保養所があった。明治十七年、そこにできた岩倉癲《てん》狂院《きょういん》は、日本で最初の精神病院といわれている。

中山法華経寺内には諸堂が立ち並び、五重塔、法華堂、祖師堂、四足門が、国の重要文化財に指定されている。御堂の中の迫力ある装飾彫刻は見る者の目を奪う。

中山の一帯は、後に「市川市東山魁夷記念館」が創立されるなど、美しい自然環境に囲まれている。これらの美しい装飾や周辺を取り巻く自然の光景は、感受性の鋭い明の精神的な拠り所となり、さまざまなイメージの形成を育んだ場所ともなった。

中山病院は院長淳とその夫人の副院長静子にゆだねられ、祖父晋はすっかり息子に病院業務を引き渡していた。けれども、患者たちへの気配りは周到で、統合失調症の患者と朝早くから一緒に、ニワトリ、ヤギ、ウサギの世話をしたり畑仕事をしたりの毎日で、常勤の医師ではなかったものの、それ以上の肉体労働をしていた。淳と静子が授かった三人の息子は一様に優秀な頭脳を持ち、祖父はことのほか三人の孫をかわいがったが、彼らは祖父の内縁の妻、今井千代に育てられたようなものであった。母は医師として多忙な日々に追われていたので、その点では豊かで美しい自然環境とは裏腹に、精神的な不満が若干あったかもしれなかった。

だが、祖母の代理をこなした千代は、決して三人の孫たちを寂しがらせたり、困らせたりするような性格ではなく、並みの家族以上に親密で思いやりのある態度をもって接したため、三人の孫たちは決して、多忙な母の邪魔になるようなことはせず、楽しく暮らすことができた。並みの子どものように母に甘えることができずに寂しかったであろうと周辺の人たちは想像しがちだが、彼らは決してそのような気分に陥ることはなく、よく気のつく千代と楽しい毎日を過ごすことができた。いつも、映画や動物園に一緒に連れて行ってくれた。母は仕事に忙殺されていても、千代がいるだけですべて円滑に事が運ぶのが不思議だった。

ところで、作田家では医師の仕事は絶対だった。いつの間にかそうなってしまったこの成り行きに、明は不満だった。本来医師を志したわけではなく、一家の長として家族を養うために医師になった祖父は、本来文学青年であったことを知っていたからである。明は、自分は祖父の血を引いており文学青年になることが妥当であるという潜在意識を常に抱いていた。恵まれた環境の中で、明は、いろいろな習いごとをことごとく習得するだけでなく、小学校の図書館にある書物をすべて読破するほどの本好きな子どもであった。学習塾では常に一番の成績をもらい、二人の兄たちをうならせた。

父母は歌舞伎が好きだったため、明は子どもの頃からよく同行した。その影響で、大人になってからは、歌舞伎や演劇、またイギリス留学時代からは、クラッシックやオペラを鑑賞するのも好きであった。とくにオペラにはのめり込み、後には流行したウォークマンでオペラを聞きながら歩いたりした。

後にはまた、宴会などで芸者さんの三味線に合わせて小唄を一節唄うこともあった。小唄は、北所沢病院院長職に就いていた頃、たまたま近所に住む患者さんがお師匠さんであったので、さっそく弟子入りして習い始め、続けていた。

中学受験が迫ると、近辺の日出学園小学校から、長兄勉の勧めた慶応義塾中等部にあっさりと入学した。当時、勉は慶應義塾大学の医学部の学生であった。

慶應義塾中等部の入学式の日に母と

明は二人の兄たちとは異なり、体躯《たいく》凛凛《りんりん》とした美丈夫であり、二人の兄たちとは若干異なった体型で、周辺では目立った存在であった。

それには理由がある。母の静子は明を身ごもったときに、なぜかわけもなく食欲旺盛で、お腹を卓袱台《ちゃぶだい》にしてもよいほどに肥満していたと、次男の嫁、優子に語ったほどである。明は食欲旺盛な母の胎内で育った子どもだった。明は生まれたときから二人の兄たちに比して体格が良かった。母は明が後々優れた医学者になることを疑いもしなかった。

そして、優子は後に、明の偉業はその人格によると言っている。明は、人柄は祖父に似て、悲惨な人たちの手助けを何の衒いもなくやってのけるような福祉の精神に長《た》けていた。

多くの医療機関を経営し、診療はもちろん、職員たちへの配慮も怠らず、入院患者の家族を温かく見守り続けた明の仕事は、その人格の豊かさによるものだった。多くの苦難に遭遇しても、何ほどにも動揺せず、毅然《きぜん》と物事を処理してゆくその姿勢の中には、彼自身の持っている生来的な優しさ、他者への思いやりの深さがあった。医療機関には女性職員が多い。それぞれが家庭を持ち、子どもも数人いる。職員のために保育園を作れば、職員は安心して子どもを保育園に預け、各人がそれぞれの仕事に励むことができる。人を思いやるという精神は、医療関連従事者にとって必須条件である。彼は、人を思いやる心を常に絶やさなかった。

病人を完治させようと大事な仕事をしている、医師として終日懸命に働く母の姿は、彼には崇高なものに見えた。彼は、母が常に自分のそばにいないことを、普通の子どものように、寂しいとは思わなかった。母は人の生命を守るために働いている重要な社会的人材であった。そのような人を自分一人のために引き寄せようとする甘えを許さなかった。それほど、彼は幼児の頃から状況把握に長けていたのである。

こうした環境の中で、彼は人一倍他者への気配りを重視した。彼は周辺で心に悲しみを抱き病んでいる人を見ると、常にその傍らに寄り添った。彼がただ沈黙してそばに寄り添っているだけであるにもかかわらず、病んだ心が癒やされるのであった。当時は、現在のように「いじめ」による不登校や引きこもり、自殺などは稀であった。いじめっ子が来る前に、明は弱い子のそばに寄り添っていた。いじめっ子は、到底勝ち目のなさそうな美丈夫な体躯を持ち、小学校では一番の秀才がそばにいることに恐れをなして立ち去った。この時代には明のような存在はどこの小学校にも、中学校にも存在した。それぞれが、思いやり深く、美しい自然の中で心を満たされ、他者への思いやりを大事にして育った時代であった。

犯罪少年が家庭の中から生ずるという一般論は当を得ている。

彼らを癒やすすべを、明は、幼い頃から知りつくしていたといえるかもしれない。彼の心は、他者への思いやりがすべてを解決することを、親の背中を見ながら感じていたのかもしれなかった。それは、明少年の全生涯を貫く魂の道程を暗示している。

注

（1）正中山法華経寺

日蓮宗の六本山の一つ。鎌倉時代の一二六〇年、大檀家であった二人の領主が日蓮大聖人を迎えて布教をお願いしたのが始まりである。一五四五年、若宮法華寺と中山本妙寺が統合され、現在の正中山法華経寺となった。この寺の特徴は、秘法を身につけたいと志して挑む僧侶による「百日大荒行」が行われることである。鬼子母神は江戸三大鬼子母神の一つとして名高い。この界隈には、院、殿、堂、門、寺の名のつくいくつもの末寺が散在しており、それらを総称して大本山法華経寺という。

三　明と二人の兄

前述のように、作田家には暗黙のうちに守らなければならない「しきたり」があった。それは、祖父作田晋の時代から守られてきた「約束」ともいうべきもので、必ずしも、晋が自分の子孫に残した「遺言」のようなものではない。ただ、各人がいつの間にか、晋の生き方に潜んでいる暗黙の願望を察知し、作田家の名誉を保つ道として選んだ医者という職業を全うすることである。晋が医者を生業とし、後に続く子孫がこの道を選択することを望んだわけではない。既に述べたように、晋は本来医者になりたくてなったわけではない。作田家の生計を早く立て直すことを考えたとき、当時、医者になるのが最善の方策であると考えたからである。

没落した網元の息子晋は、人一倍責任感の強い人間であった。彼は医学校に入学し、やがて、万《よろず》の病気を診断する町医者となった。精神医学を志したのは息子の淳である。それ以後、代々、作田家の人間は医学者を志した。いずれにしても作田家の兄弟たちは無意識のうちに祖父の轍《わだち》をたどるようになった。だが、明だけは異なった。初めから医者になりたくなかった。彼は文学青年で、文学者になるか、あるいはそれとは対照的に経営学を学び、実業家になる夢を見ていた。

明の長兄勉は、慶應義塾の中等部から慶應義塾大学医学部へ進み、精神医学を学んだ。勉は難なく医学部を卒業して医学の研鑽を積み、卒業後、慶應義塾大学病院精神神経科講師を務め、医学博士となり、慶応義塾大学に籍を置いたまま、カナダのカルガリー大学客員教授に派遣され、さらに、イギリスの北アイルランドにあるクイーンズ大学客員教授となって医学の研鑽を積み、父の作田淳の跡を継承した。慶應義塾大学医学部准教授を定年まで務めながら、市川市中山に所在する中山病院院長となり、現在は、日本保健医療大学学長・理事長になっている。

さらに次兄学は武蔵中学・高校を経て、東京大学医学部に入学し、卒業後は神経内科学を専門とし、ミネソタ大学客員教授、日本赤十字社医療センター神経内科部長、杏林大学医学部教授を経て、現在は日本禁煙学会理事長という経歴を持つ。いずれにしても、明の兄たちは順調に医学の道を歩み、それぞれの職責を全うしているが、明は紆余《うよ》曲折の後に、犯罪心理学、病跡《びょうせき》学、臨床心理学など、文学部に属する臨床心理学関連の研究に埋没した。誰も、彼のこのつかみどころのない難解な心理学的領域に足を踏み入れる気にもなれなかったが、明は自分の思うとおりにその分野で職責を果たした。

三男の明の人生は破天荒であった。彼は二人の兄たちのような道程を歩まなかったが、まずその体躯が異なっていた。次兄学の表現によれば、明はもともとふっくらとして健康そのものの体格であり、柔道部に属して活躍していたが、それに反し、自分の体型はまるで「ほねかわすじえもん」であり、いつも弟を羨望していたという。この事情は先にも述べたが、母の静子は明を懐妊したときは食欲旺盛で、自分のお腹が卓袱台になるほどの栄養満点の食事でお腹の胎児に栄養を与えていたことによると解釈している。

そして、学によれば、自分の部屋は散らかり放題、机の上には乱雑に積み重ねられたノートや教材が放り出され、部屋全体が乱雑にとり散らかっていたが、明は真逆で、綺麗《きれい》好きで、部屋はもとより、机の上は見事に整理整頓され、図鑑類などはあるべき場所にいつもきちんと定められており、いつでも何不自由なく書籍を読むことができたという。明の徹底的な綺麗好きがどこからきたのかは不明だが、彼は部屋を簡素にして余計なものを置くことがなく、子ども特有の乱雑さの一かけらも見えなかった。これは彼の生来的気質であり、終生変わることがなかった。

小学校中学年になると、当時の親は、子どもにピアノやヴァイオリンなどを習わせ、何らかの音感教育を施し、進学塾などに通わせた。作田家も同様で、学と明はいつも同じように習い事をさせられた。先生が見えると、明は礼儀正しくきちんと挨拶して真面目に課題に取り組んだが、兄の学はいつも脱兎のごとくどこかへ消え失せるという有様であった。明は常に礼儀正しく、作田家の誇りのように思えた。この三人の兄弟はいずれ劣らず頭脳明晰で、ＩＱ（知能指数）はともに一七〇近くではなかったかと学は当時のことを回想している。とにかく、作田家の三兄弟のＩＱは飛び抜けていた。三人ともに高いＩＱを持った兄弟は珍しい。三人兄弟がともに抜群の頭脳を持ち、ともに成績が良く、とくに明は兄たちよりも成績優秀であった。

明は日本進学教室ではトップクラスに入り、いつも一番の成績であり、二番になると考え込んでしまうという塩梅《あんばい》で、周辺からは非常に目立っていた。成績優秀者の表彰状が山のように自分の机のそばの壁に掛けられていたが、しまいに張り出す壁がなくなり、やめてしまうほどだった。母親の自慢の息子だった。中学は長兄の勉の通っていた慶應義塾中等部に入学した。

明は八歳離れた長兄の勉とはあまり遊んだ経験はないが、三歳年上の次兄の学とは性格は真逆ではあっても、いつも、一緒に遊んだ。次兄学がＩＱは高いのに成績が振るわなかったのは、ある意味で天才型の破天荒な性格のゆえであり、武蔵中学から高校を経て、東京大学医学部へ難なく入学できたのもむべなるかなである。今日では兄勉の中山病院を手伝いながら、日本禁煙学会理事長を務めている。

次兄学の専門は内科であった。内科の医師が最もタブーと考えるのは喫煙である。しかし、東大の医局の部屋はたばこの煙で曇っている。学はアメリカのミネソタ大学に留学して、喫煙の害をひどく諭された。内科の医者が率先して禁煙に努めなければ、一般の病人の肺、胃、その他の臓器にますます悪影響が及ぶことは必至である。医者が率先して禁煙に努めなければならない。学は帰国後、日赤医療センターの神経内科部長から杏林大学教授に就任し、この大学では禁煙活動を始めた。彼は禁煙を推進し、NPO法人日本禁煙学会（現在は一般社団法人）まで興して、その理事長になった。学は妻優子との間に三人の子どもを与えられたが、三人ともに医学を専攻し、医師になっている。この実情を見れば、作田家の「しきたり」は十分に守られていることがわかる。

天城山への家族旅行（1957年）
（前列右から、明、学
後列右から、勉、母静子、父淳、祖父晋）

この風変わりな次兄と三男明は全く対照的であった。共に嘱望されていた明は医者の娘と結婚はするが、その三人の子どもたちは医者にはならなかった。この状況は、作田家のしきたりを無意識に拒む明の姿勢が表れたものだといえるかもしれない。

三人の兄弟はすべて親の期待にたがわず、医学を学び医学博士になったが、その道筋は全く異なった。

長兄勉は順調に慶應義塾大学医学部で精神医学を学び、大学の准教授を経て父の跡を継ぎ中山病院の理事長となった。次兄学も東京大学医学部で神経内科学を学び、日赤医療センター神経内科部長、杏林大学医学部教授、後に中山病院の医師になって兄を助けている。この二人の兄はともに作田家の名を汚さず、祖父の晋の轍を順調にたどっている。

明は三浪した。彼の苦難はそこから始まる。浪人中に彼はこの世の無常を感じ、いったい、自分は医者としてやってゆくだけの資質を持っているのか、いかに作田家のしきたりとはいえ、本来自分のなすべきことは医学の道がすべてなのかと思い悩んだ。何年浪人しても受験に集中できない彼の成績は上がらず、一流の大学の医学部への進学の道は閉ざされてしまった。こんなはずではなかった。しかし、これまでの自分の成績が無に帰するほど自分の能力が低劣であるはずがない。医学部に合格しようとする意志の力が不足しているだけであると思った。「どんな大学でもいい。医師の免許さえ取れればそれでよい」と両親は口々に言った。それなら、新設の、出来立ての医学大学にとりあえず合格すればよい。彼は幾分自暴自棄になって新設の大学を探した。明の目に留まったのは開設二年目の聖マリアンナ医科大学であった。そこがどんな大学であるのかも知らずに彼は受験して合格した。

そこで、明は驚くべき経験をする。キリスト教との遭遇である。それまで彼は無神論者を標榜《ひょうぼう》していた。彼の接した文学作品、音楽、絵画、建築その他の分野の作品は西欧のものが多く、それらの作品の中に、キリスト教との接点を強調するものも多かったが、明はそうした西洋文学にそれほど興味を引かれなかった。当時の彼の読書傾向には、ドストエフスキーやトルストイ、ロマン・ロランなどの宗教的色彩の強い作品はほとんど見られなかった。彼の幼児体験、育った環境にあったのは、西欧・キリスト教的ではなく、生粋の東洋的芸術、五彩を基調とする彫刻を伴う絢爛《けんらん》な寺社、仏像や屏風の類であった。しかしそれらは、彼の美意識にはそぐわないものであった。彼は仏教に類するさまざまな書物や絵画・彫刻に深い興味を持てなかった。

二人の兄に勝るとも劣らない優秀な頭脳を持っていたが、趣味や嗜好、思想が全く異なった末弟の明は、医師の免許はあるが、これまで考えることもできなかった医療の道を歩み、作田家の道筋に新たな目標を作り上げることになる。

四　実存的危機の訪れ

明は慶應義塾中等部に入学すると、池田彌三郎の描く「福沢諭吉論」に傾倒し、長兄勉と同じく柔道部に属し、また、野球の大ファンであった。当時、巨人―阪神戦はほとんどの人が夢中になって観戦し、巨人だ、いや阪神だ、と立ち騒ぐ街の風景はそれほど珍しいものではなかった。明は熱烈な巨人ファンだった。後楽園球場に友人とよく出かけ、外野席に当日券で入って観戦し、野球談議に耽ったという。また、同郷、千葉県の佐倉高校出身の長嶋茂雄のさまざまなエピソードにも惹かれたようだ。明はどちらかというと理論派であり、野球の技術について、解説者の論調で巧みに友人に語っていたという。

幼少時から彼は文学少年であった。文学少年といえば、本の虫と呼ばれ、陰鬱な表情を浮かべて友人とも交わらず、常に何事かを考えているといった独特の雰囲気を漂わせている様子を想像しがちだが、彼の場合は異なった。彼は読書三昧の日々を過ごす一方で、野球や相撲などにも熱中した。

小学生時代から江戸川乱歩やシャーロック・ホームズ、アルセーヌ・ルパンを好み、熱中したが、中学生になるとしだいに松本清張のファンとなった。明は松本清張の何事かに魅入られた。人間に対する観察眼の鋭さだった。松本清張は外を歩かない。ただ、家の中に閉じこもって小説を書く。松本清張は椅子に座ったまま事件を推理するアームチェア作家である。彼は電車に乗って小説の現場になる場所を探索したり、取材に出かけることがなかった。彼の目の前には一冊の鉄道の時刻表が置かれているだけである。それを見ながら思いめぐらすさまざまな光景や想念は明の胸に楔《くさび》を打った。作家の脳裏に刻まれるおびただしい想念から生み出された一つの作品が、なぜそれほど人の心を打つのか、彼には不思議だった。彼は自分もそのようになりたいと思ったが、彼の日常生活の中にはそのような雰囲気はなかった。家に閉じこもって、筋を考え、鉄道時刻表を見ながら、列車に乗ったような気分になるには、相当の鍛錬を要する。しかも、自分自身が謎めいた風情を醸し出すある種の雰囲気を持ち合わせていなければならない。そして、その心理描写は、誰もが真似のできないほど緻密である。作家の目がいかに優れたものであるのかを知《ち》悉《しっ》した後に、明は多くの作家の書物を読みながら、ことさらのように彼らの人間に対する鋭い観察眼を実感した。そして、自分に小説を書く才能があるのかどうかを危ぶんだ。

明は、松本清張という作家の社会に対する視線、その慧眼《けいがん》に感動したが、彼の躍動する魂は、それとは異なる実践的な足場を離れなかった。早熟な彼を部屋に閉じ込めておくことはできない。彼は、遠くへ、絶え間なく活動する活気に満ちた外の世界に憧れた。その意味において明の性格は松本清張とは根本的に異なった。社会派の描くミステリーは最終的に弱い立場の者にさえ残酷な仕打ちをする。その結末を彼は嫌った。松本清張の病跡学をしてみたいと彼の潜在意識は訴える。だが、その頃の彼は病跡学など知るべくもなかった。

作田家の家屋は丘の上にあって、その下の谷間には浴室等があり、その崖下には病院の畑やその他、さまざまな施設が設置されていた。そこは患者の運動場にもなっていた。この谷間を挟んで、さらに高みを目指すと頂上に至る。すると、目の前に広い丘陵が広がり、杉の木立が林立する社がある。その裏山に中山病院の病棟があった。中山病院の本拠地である。さらに数々の法華経寺の建造物が並んでいる。中山法華経寺には、この寺の開山時からの厳しい修行に耐えられず、精神に異常をきたす修行僧のための施療院があった。

明は幼稚園のときから、中山駅から参道を通って法華経寺の赤門へと昇る中程にある清華堂書店に立ち寄るのが日課だった。まさにその場こそ、明少年の至福の場所であった。なだれ落ちんばかりに積み上げられた書籍は、彼を夢の世界へと誘う。彼にはたくさんの本を読む場が、すでに幼稚園児の頃から与えられていたことになる。それこそ、最高の恵みであり、明は生まれながらに、贅沢《ぜいたく》な場を与えられた境遇にあった。書籍万般、万巻の書に触れていた少年は、すでにして本の虫になるべく育っていった。

小学校時代からそのような境遇にあった彼は慶應義塾中等部を経て高等学校に進み、生徒会の会長になった。全校三千名弱のメンバーを抱える生徒会の会長の仕事は多事多難を極めた。時は七〇年安保問題を抱え、福沢諭吉の「独立自尊」の精神を擁する慶應の旗印も時代の旋風にあおられて危険な嵐が押し寄せようとしていた。

早熟な彼は学校の外に出て大学生たちと共に学生運動に加担した。社会運動の波は大嵐になった。時に明は、生徒会会長として波風騒ぐ生徒会の渦中にあり、当時の政治・社会運動についてた。高校生らしからぬ知識と冷徹な判断力を持ち、これらの社会現象と真摯《しんし》に向き合った。誰しもが、大学受験を控えて、勉強に集中するのが自然の成り行きである。慶應義塾高等学校は、成績順に大学のどこかの学部に入学できる便利さがあったのだが、医学部だけは例外であった。明は長兄の勉の忠告に耳を貸さなかった。勉によれば、慶應義塾というところには落とし穴があって、ついのんびりしていると、成績が下がる。明も、文学を愛し、中等部では柔道の主将まで務め、いかに知能が高いとはいっても、しだいに成績が落ちていった。それを挽回するには、高等学校三年からは一切余計なものから手を引き成績の向上を図らなければならない。作田家では医学部に入学することが暗黙の了解になっているのだから。

しかし、明は生徒会会長をやめなかった。むしろ、彼はレーニンやマルクス、毛沢東に至るまで読破し、福沢諭吉の精神もどこかに消し飛んだかのように社会主義思想に埋没した。彼の成績はしだいに下がっていった。いかに自信のある明でも慶應の医学部に合格しなかった。だが、彼はへこたれなかった。当時の学友は、「もし彼が大学受験に合格しても、将来は、医学専門のみならず、医療の立場からさまざまなことを通して、分析し、社会に貢献し、何か新たな学問なり、組織の創設を図るに違いなかった」と口々に話し合っていた。この言葉は確かに的を射ている。明は常々友人たちにこのような趣旨のことを語っていたらしい。作田家のしきたりのように医者は医者の道を行くだけにあらず、医学部に入学したとしても、ただ、医学専門領域に拘泥することなく、それと関連する何事か新たな社会的貢献をなさなければならない。この確たる信念は彼の心身に天空を駆け上る熱い理想を与え、それはまた、重い鉛のようなものを彼の潜在意識に埋め込んだ。作田家の一員であるというだけで烙印された医者への道に、ある種の楔を打ったと言っても過言ではないだろう。それは医学のみならず、それと関連のある何らかの仕事に傾斜せざるを得ない魂のあがきでもあったのであろう。

ついに、明は三浪の果てに、設立されて二年目の聖マリアンナ医科大学の二期生となったのである。彼がそこで学んだことは、福沢諭吉の精神とは別個の、キリストの痛みと苦しみの果ての愛の重さであった。彼は聖マリアンナ医科大学で学んだキリスト教の精神を真摯に受け止めた。このキリスト教精神との出会いが、後の作田明の医療・福祉事業を促進させることとなった。

聖マリアンナ医科大学を卒業すると彼は、次兄のつてで東京大学医学部において研修を終えると、その頃、珍しく「犯罪学」を学ぶことのできる唯一の大学、東京医科歯科大学へ目を向けた。そこで福島章（当時、東京医科歯科大学難治疾患研究所犯罪精神医学部門助教授）を訪ね、犯罪学を勉強したい旨を述べ、大学院で犯罪者に直接面接する場合の精神鑑定の方法などを学んだ。やがて彼の助手に任じられた。鑑定助手である。福島章が上智大学文学部で心理学や犯罪学、病跡学、精神療法などを教える合間も、彼は福島章の鑑定助手としての役目を果たした。鑑定助手として活躍した彼はその後、検察庁や裁判所から独立した鑑定人に指名され、さまざまな犯罪者の履歴を知ることになった。だが、明は単に犯罪者の鑑定人ではなく、「病跡学(2)」を真剣に学びたいと思っていた。彼の脳裏には数々の有名な文学者や犯罪者、数多くの分野で天才と呼ばれる人たちの病跡学を自分の専門としたいという意欲があふれていた。「シェイクスピア研究」、「アラビアのロレンスの病跡」、「ルキーノ・ヴィスコンティの病跡」などの本格的な病跡学の論文を書いて「日本病跡学雑誌」に投稿した。[3] 後に、作田明は新進気鋭の病跡学者として注目を集めるようになる。

注

（2）病跡学

病跡学という用語は、ドイツの精神科医メービウスが二十世紀初頭に造語したパトグラフィー（Pathographie）の翻訳で、病誌・病蹟などとも訳される。病跡学とは、宮本忠雄氏によれば、「精神的に傑出した歴史的人物の精神医学的伝記やその系統的研究をさす」、福島章氏によれば、「簡単にいうと、精神医学や心理学の知識をつかって、天才の個性と創造性を研究しようというもの」である。加藤敏氏は「学際的領域に位置して、創造性と精神的逸脱の関係を探ろうとする病跡学の独自性は、精神医学が築き上げた疾病概念や病態把握、および癒しといった観点から、人間の創造性に光を当てるという問題枠に求められる」と述べている。

何らかの精神障害を病んだ天才の病理と創造性を論じるのが狭義の病跡学研究であるが、現在、それに留まらず、病跡学の範囲は広がっている。対象となる「天才」も、従来、好んで取り上げられた小説家や画家のほかに、音楽家や写真家、さらには科学や政治あるいは哲学の分野の天才も俎上に載せられている。また、狭義の精神障害のない天才の生涯と創造を心理学的あるいは精神分析的にたどっていく研究、近親者の精神疾患が創作者に及ぼす影響の研究など、その裾野は広がっている。（日本病跡学会ＨＰ、「病跡学とは」http://square.umin.ac.jp/~pathog/pathography/bing_ji_xuetoha.html を参照）

たとえば、宗教改革ののろしを上げたマルティン・ルターの病跡学的考察は、エリク・エリクソンの『青年ルター』(Erik H. Erikson, Young Man Luther: A Study in Psychoanalysis and History, 1958）をはじめとして、有名である。

明は、「マルティン・ルター（特集　歴史を動かした心の病）」（『精神科』第12巻第5号、四〇三―四〇七頁、二〇〇八年）で、ルターの幼児期・児童期における虐待体験、青年期におけるアイデンティティ危機、中年期におけるうつ状態、そして形成されたエディプス・コンプレックスについて解説している。『精神医学とは何か？――犯罪学と病跡学からのアプローチ：作田明遺稿集』世論時報社、二〇一一年に収録されている。

（3）作田明の病跡学の道程については、福島章「追悼文　作田明『生涯と業績』」、作田明『精神医学とは何か？――犯罪学と病跡学からのアプローチ：作田明遺稿集』世論時報社、二〇一一年に詳しい。「日本病跡学雑誌」掲載の論文や日本病跡学会での発表については、作田明オフィシャルサイトの研究業績（http://www.sakuta-akira.com/list.html）の一覧にある。

五　キングス・カレッジ・ロンドン精神医学研究所への留学

聖マリアンナ医科大学を卒業すると、次兄学のつてで、明は東京大学精神科医局に入った。その後、長兄勉のつてを得て、キングス・カレッジ・ロンドン精神医学研究所に留学した。ロンドン大学キングス・カレッジは、ジョージ四世の統治時代、一八二九年に、初代ウェリントン公爵によって創立された、イギリスで四番目に古い名門校である。また、ナイチンゲールが世界初の看護学校を設立したことでも有名であり、その背景もあって、医学・看護学の分野で評価が高く、よく知られている。キングス・カレッジ・ロンドン精神医学研究所に付帯するモーズレイ病院で、明は研鑽を積んだ。モーズレイ(Henry Maudsley)はモーズレイ強迫神経症質問紙(MOCI)でその名が知られているイギリスの精神科医であり、イギリスの現代精神医学の礎を築いた一人である。モーズレイは精神障碍者の犯罪を罰することに強固に反対した。ロンドン大学法医学教授を引退した後、隠遁《いんとん》生活を始め、実証哲学に傾倒した。ロンドン南部にあるモーズレイ病院は、彼の多額の寄付金によって建てられた精神病院であり、後にロンドン大学の精神医学の実践的な場となった。その病院で明は精神医学を学び、さまざまな実証例を、とくに強迫性障害の患者を多く観察した。

さらに、明は犯罪心理学や司法精神医学を多く学んだ。とりわけ、当時イギリスで問題となっていた「児童虐待」に対しては深い思い入れがあり、児童の殺傷事件やその対策などについて司法の側から見た児童問題への取り組みを学んだ。当時日本では、子どもが家の中で物を壊し、親に暴力をふるう「家庭内暴力」、学校へも行かず自室にこもる「引きこもり」という社会現象が問題となっていた。家に引きこもって外に出ない息子に注意しただけで、暴力事件が発生した。親子殺傷事件が起こり、手の出しようもなくなった。子どもを憂えた両親が何かと注意すれば暴れ出し、親を殴打する家庭内暴力という問題は、日本特有の現象であり、外国ではありえない想像不可能な社会問題に見えた。日本人は子どもを大切に育てる。この習慣が「甘やかし」となり、それをよいことに子どもたちは不安や焦りからわがまま勝手に振る舞い、精神的に発達することなく、しだいに外に出て他者と交わることができなくなった。被害妄想から無差別殺人を引き起こす者も出た。両親は常に、自分の子どもが無差別殺人の犯人になるかもしれないと案じ、そうでなければ安堵《あんど》するという、異常な家族閉鎖集団が形成されるようになった。このような日本の状況とは違って、イギリスの子どもたちが親から放り出され、いつの間にかホームレスとなり、また殺人者となってしまう社会現象に、明は興味を抱いた。

明は、イギリスの児童保護施設で大人と同様に裁かれる犯罪者となった児童（八歳から十三歳まで）の悲哀を、なぜともなく痛ましく感受した。このような事態を招くのは、西欧諸国の子どもに対する教育理念が日本と異なり、「個人主義」に依拠して構築されているからである。子どもは十八歳で成人すれば両親のもとを離れ、独立した一人の人間として生きてゆかなければならない。海外で駅に降り立つと、多くの青年ホームレスの群れが駅構内にたむろしているのが散見される。社会からはみ出した青年たちが両親のもとに帰れず、巷《ちまた》でホームレスとなってさまよっていても誰も同情はしない。それは、個人の責任だからである。個人の責任において彼らは競争に負け、社会からあぶれ出したのである。この種のホームレスを見れば、日本人なら同情して助け舟を出すところであるが、西欧諸国民であれば決して手を差し伸べてはいけない。そこには、まさに「自己責任」という厚い壁が存在し、自らの生活は自らの手で作り上げなければならないという暗黙の掟がある。徹底した個人主義の枠組みに閉じ込められた青年の犯罪を誰も同情はしない。たとえ、それが未成年の少年であっても、日本人の親のように子どもに対する同情から家にかくまって「ひきこもり」を許してしまうような親は存在しない。

たとえいかに生活に困窮しても、独立した一人の人間として生きてゆかなければならない社会環境で育てられた青年たちは、親を頼ることができない。このような主義主張に貫かれた社会環境の中で発生する少年犯罪や非行問題に対する考えと、日本のように「個人主義」を利己主義と同列に扱う国民性を持つ人たちの少年犯罪に対する思い入れが異なることは当然であろう。親から独立して当然の青年が親の家に閉じこもる「引きこもり」状態を続けることを許してしまう親の立場は、西欧諸国の人々からは決して理解されないであろう。

こうした現実を肌身で感じた明は、児童・少年犯罪の問題に国民性が関与することを痛感した。彼が、非行少年問題に深く関与することになるのは、西欧諸国の主義主張による少年犯罪に対する対処方法が日本のそれと大きく異なることに、興味を持ったからである。

このようにして、明はロンドン大学キングス・カレッジで児童の犯罪事件に関する分析を行うようになった。そして、イギリスのとくに貧困層に生じる児童の犯罪事件を司法当局がいかに処理するのかを学んだ。彼は、日本では児童の犯罪をどのように扱うべきかを考えあぐねた。

六　法務技官を志す

明は、キングス・カレッジ・ロンドン精神医学研究所に付帯するモーズレイ司法精神医学部門で研鑽を積んだ。彼が日本における激しい学生運動の最中にロンドンで司法精神医学を学んでいたことは、幸か不幸かわからない。帰国したときには学生運動は沈静化していた。

だが、帰国した明は、日本における司法精神医学が単に精神鑑定書を提出するためだけに利用されており、イギリスやその他の先進国並みに司法精神医学が精神医学のカテゴリーの中に入っていないことを発見した。精神科の医師は、犯罪者の精神鑑定書を書くだけの、一介の精神科医にすぎない。彼は、日本においても精神科の中に司法精神科を取り入れ、独立させることが重要だと考えている。そこに、現実に根差した犯罪心理学研究が促進される道があると思い続けた。日本で唯一、犯罪学、犯罪心理学を学べる大学は、当時は東京医科歯科大学であった。彼はそこで犯罪学や犯罪心理学を学ぶことを決め、福島章教授の指導を受けることになる。

福島章によれば、日本における犯罪精神医学は不運にも東京大学医学部の紛争の影に隠れて暫時消滅し、東京医科歯科大学に研究室が移行したとある。大学紛争は東大医学部から生じて全国的に拡大し、ついには大学閉鎖状態となり、多くの学生たちは地方に流れた。東京大学医学部の現状は厳しく、研修生や研究員の悲惨な研究状況にもかかわらず、教授連は成すべき解決策を持たなかった。明はこのような大学の現状を全く知らずに、イギリスで司法精神医学の研究を行っていたのである。

犯罪学と精神医学は二つであるとともに一つである。そこに病跡学（パトグラフィ）が参入することが明の願望であった。犯罪者、精神疾患者、さらには天才の病跡学が共に研究され、そこに何らかの学問的道筋が見いだされれば、ある意味で画期的な学問領域となるに違いない。犯罪者や精神疾患者の精神医学、そこに天才のパトグラフィ、あるいは特異な犯罪者のパトグラフィを詳説することができるようになるには、どれほどの抵抗が存在するのか、その解決のすべはわからない。日本の社会には、精神障碍者や犯罪者を差別する風潮がまだ残っており、その中で天才もある種の精神医学の対象となり、犯罪者と同列に置かれる気配があった。現在では、そのような差別感を持つ日本人は少数であるが、大正、昭和の初期ぐらいの人が天才を忌み嫌い、普通の暮らしのできない人間と自分とを同一にしてほしくないという潜在的願望を持っていた。この傾向は時代とともに消滅するが、それは新たな問題が提起される契機となる可能性がある。なんとしても天才の病跡学の台頭を促進する、というのが明の強い望みであった。

犯罪学と病跡学に対する明の思い入れは、ロンドンで司法精神医学を学んだことによる強い期待感から発していると違いない、と福島章は述べている。明はそれ以後、大学教育の道ではなく、法務省矯正局の法務技官を志望した。この現実は、彼の二人の兄たちを驚愕《きょうがく》させた。彼らは、ロンドン大学留学後、弟の明がてっきり医学教育への道を歩むものと思い、それを期待して、それなりの道を用意していたに違いない。たとえ、地方の大学への赴任であっても、そこで研究者としての業績を積めば、彼の母校である聖マリアンナ医科大学の教授になることも考えられる。二人の兄たちは優秀な弟である明の行く末を、あくまで大学の教授になるべく歩むものであると信じていた。だが、明はその道を選ばなかった。そうして明は、東京大学の精神分析学教授の土居健郎の仲人のもと、銚子にある大谷津医院の院長の長女、河野美緒子と結婚した。

長兄の勉は、明は大学教授のコースから外れていたために、法務技官から始めて、結局は父に倣って病院経営の道を歩み、多くの病院や施設を経営したと追悼文集で述べている。確かに父の淳は祖父の晋の跡を継いで、「中山病院」を妻の静子と共に守り抜いた。優秀な三兄弟の誰かが、中山病院を継ぐに違いなかった。長男の勉は大学で教鞭をとりながら、中山病院を継ぎ、次男の学も大学教授になり、そしてまた、中山病院の内科医として兄の勉を助けた。

1984年元旦
（上段右から明、学、学夫人・優子と長男
下段右から明夫人・美緒子、勉、母・静子、学の長女・次女）

兄の勉は、明は大学教授の道を外れたコースであったために大学教授にはなれなかったと言うが、それは必ずしもそうではなかった。明は大学教授の職を最晩年になってから望むようになった。彼の血は祖父の晋のそれと同等であった。祖父は自身の活路を考え、安定した医者の道を選んだが、彼は必ずしも医師になることを望んでいなかった。その意味からいえば、明は祖父の血を受け継いでいた。明は文学者になりたかった。さらに、実業家になりたかった。この二つは全く異なった分野である。しかし、この両者はともに何かを生み出し、多くの人を喜ばせる職業である。人のためになるのは医者が一番ではないか、と人は言うに違いない。それは実践的に病人と対峙する医者である。医学部の教授ではない。

なぜなら、ある意味で、医者を育てる医学部の教授は、人の気持ちを察して、共に喜び悲しむ温情あふれる人材ではない。医学部の教授には、冷徹な、客観的な眼差しを絶えず持ち続けなければならない宿命がある。学問研究を通して発症の機序を知り、病原菌を発見し、難病の特定をはかるという気質がなければならない。「赤ひげ先生」は大学の医学部教授に該当しない。

この現実の中で、明は「赤ひげ先生」を無意識に選択していたのである。次兄学の妻優子は、自身も医師であるが、彼女の「……働く人の身になって、病を患う人の身になって、病人を抱える人の身になって、犯罪を犯した人、犯された人の身になって『心』を大事にされ、立派な業績を残された」という最後のたむけの言葉の中に、明の全生涯の意味が込められている。明の人に対する眼差しは、「赤ひげ先生」そのものであったのである。

七　犯罪精神医学とパトグラフィへの思い

明はこれまで自分が行ってきたことを思い出しながら、これでよいのか、一介の医者に収まって、ただ、非行少年や精神病患者、さまざまな殺人事件のコメンテーターとして、事件の分析をしていればよいのか、と自分に問うた。それだけが、自分のなすべき仕事とは思えなかった。時に彼は、自分が自らの手で創立した病院の院長であり、理事長の身であった。

これだけで収まるはずがない。彼の義侠心《ぎきょうしん》は、安住することを知らない。自分で誇らしく思える仕事がどこかにあるはずだった。「弱者の精神病理」が自分の課題ならば、弱者とは誰か。当時、これまであまり考えもしなかった高齢者問題、さらにはアルツハイマー発症を伴う老人病、いわゆる、認知症問題が彼の脳裏に浮上した。児童の数が減少し、それに反比例するかのように高齢者の数が多くなった。この社会現象に何らかのひずみが生じるに違いなかった。当初パーキンソン病を患い、しだいに記憶に障害が出るようになる高齢者がいた。アルツハイマー病で脳萎縮が進んで「アルツハイマー型痴呆《ちほう》」となる高齢者もいた。こうした高齢者の記憶障害や認知障害は「痴呆症」として毛嫌いされ、差別用語のようになった。「認知症」と改名されたのは、心理学や精神病理学の学会で議論され、妥協案として浮上した病名なのである。今では、認知症という名称は多くの人々に違和感なく受け入れられているし、理解も進んできている。その発症の過程によって、「アルツハイマー型認知症」、「脳血管性認知症」、「レビー小体型認知症」などの種類に分類されることも知られるようになった。アルツハイマー病は、自覚のある物忘れとは若干異なる特有の物忘れから始まり、しだいに目の前に起こっていることの全体像を把握できない状況が持続すると、自分の周辺にいる人物の顔さえわからなくなってしまうという症状が出る。真夜中に徘徊《はいかい》することが多くなると、もはや家人は病人（両親、その他）を家の中で介護することが困難となる。介護老人福祉施設（特別養護老人ホーム）が政府の肝いりで造られたが、これらの施設は高齢者の数に逆比例して数少ない。入所希望者が増加しても、施設の数は限られ、順番待ちとなっている。

明は精神病院の中に老人介護施設を造設し、多くの孤独な高齢者とその家族を慰める場とすることに思いをめぐらせた。彼は精神病院の中に認知症病棟が設置されている病院の建設に乗り出すようになった。しかも当初は、明の思い付きで一人で病院を建設していたが、以後は仲間を集め、一九九二年に医療法人社団「明雄会」を立ち上げ、理事長として活躍するようになった。明

明雄会　三芳の森病院（2004 年開院）

雄会はしだいに大きなものになり、明はますます繁忙な毎日を過ごすようになった。

しかし、当時、世間が注目したのは、高齢者問題よりも児童の殺傷事件の多発であった。明の関心は「犯罪心理学」にあったから、一九九七年の神戸児童連続殺傷事件（酒鬼薔薇《さかきばら》事件）へのコメントを皮切りに、しだいに、彼の活躍する場はテレビや新聞、その他の報道雑誌となった。明による犯罪分析が多く掲載され、報道されるようになった。

一九九八年の和歌山カレー事件で加熱したマスコミは、毒婦林真須美被告の精神状態を執拗に追求し始めた。彼らは犯罪精神医学者・作田明にコメンテーターとして彼女の精神状態を分析させた。病院経営の繁忙の最中にもさまざまな事件が起こり、テレビやその他のマスコミが騒ぐ尋常ではない事件であると、常に作田明が呼び出された。そのために、彼は東奔西走した。

元刑事で、現在は兵庫県姫路市で飛松実践犯罪捜査研究所の代表を務めている飛松五男によれば、彼が初めて作田明に会ったのは秋田県で起こった二人の児童が殺害された事件の現場検証のときで、二〇〇六年五月二十四日であった。その秋田連続児童殺害事件は二〇〇六年四月九日に起こった事件で、犯人は殺害された女児の母親であり、遺体を市内の川の中に捨てるという凄惨な事件である。犯人である母親はさらに近所に住む男児も絞殺して、川に遺棄するという連続児童殺害に関わる容疑者として逮捕、起訴され、無期懲役の判決がなされた。飛松は元刑事であっただけに現場検証には精通している。だが、明が現場でシャーロック・ホームズばりに足跡のサイズを測り始めたことに目を見張った。これは、なんと慎重で、厳密な先生が現場に現れたものかと感心した。事程左様に、明の関心は、犯罪につきまとう厳密な測定や鑑識の重要性にあったのだ。まさにホームズのような名探偵になりたかった昔の夢の実現ではなかったか。飛松はそれ以前にも、神戸児童連続殺傷事件、翌年に起こった和歌山カレー事件など、二十世紀末に生じたさまざまな陰惨な殺人事件に関して刑事としての眼力を発揮したが、作田明との交流以来、飛松の事件を見つめる姿勢が変わったという。より厳密に事件を把握するための眼力である。

飛松五男は作田明との交流で明の人柄を次のように語った。飛松は作田明を戦友と呼ぶ。凄惨な事件が発生すれば、大抵、飛松は明と接触した。彼らは意気投合し、飛松は明から凄惨な事件の心理分析のイロハから専門的な事件解明の糸口を教示されたという。

さらに明は、事実に厳しい。ある意味で頑固である。明は三男坊、末っ子である。飛松によれば、三男坊の宿命は反骨の精神であるという。そこに、二人の兄とは異なった道を歩むという頑固なまでの無意識の願望があったと解釈するのは、大袈裟であろうか。さらに、末っ子は人の心をつかみ、読み込むことのできる能力が人一倍優れているという。作田明には人の心をつかむ何らかの感性があり、心優しく、悩んで苦しむ人を見れば黙ってはいられない。すぐに手を差し伸べて、慰める。明は二人の兄の様相を無意識に観察していたのであろう。

明には、団塊の世代とその子どもたち（ひきこもり）の問題は、法務技官時代からの懸案事項だった。親が後期高齢者になったとき、引きこもりの息子は五十歳になってもまだ、引きこもっている。とすれば、引きこもりの息子の将来はどのように保証されるのか？　この問題を予測して憂慮していた明は、現在多発する「ひきこもり」が引き起こす犯罪の解決の道をどのような眼力で探ろうとするだろう。

前にも述べたように、明は兄たちのような学者の道を歩むことを望まなかった。長兄の勉は明が慶應義塾大学医学部や東京大学医学部コースから外れていたために、学者の道を外れたと認識しているが、それは必ずしもそうではない。明の才能は兄たちの轍を歩むことから逸脱するほど、傾向が異なっていたのである。

ある意味で、新設の聖マリアンナ医科大学に合格したのは、彼の運命である。後述するように、彼はそこで初めて、仏教以外の宗教、西洋の宗教であるローマ・カトリックのキリスト教と接触するのである。海外の作家にはキリスト教の何たるかを描いた作品は多々ある。しかし、彼は文学からキリスト教を学んだのではなかった。まさに、本格的なキリスト教教育の場でキリスト教の精神を学んだのだった。

とにかく、医師の免許さえ取れれば何でもよいという両親との約束を果たした明は、兄の勧めで、東京大学の医局で研鑽することになるのだが、明の時代は兄たちのような平和な時代ではなかった。この古めかしい医局は大学紛争の原点であった。聖マリアンナ医科大学とは異質であった。明は東京大学の医局からキングス・カレッジ・ロンドン精神医学研究所とモーズレイ病院に研修留学し、帰国後は東京医科歯科大学大学院で、犯罪精神医学、病跡学などを学んだ。その後、明は司法精神医として法務省関連の施設に勤務し、少年犯罪、少年の非行問題に生き生きと取り組んでいた。そして、神戸児童連続殺傷事件のコメンテーターを契機として、少年犯罪問題の権威となり、テレビ・コメンテーターとして活躍するようになったのだ。

このように考えてみれば、この時代に精力的に動き始めた明の興味関心は、四十五歳のときに「週刊マーダー・ケースブック」(一九九五—一九九七年)の日本語版監修を始めるほどまで強かったのだ。彼が外国の凶悪な殺人事件を扱ったこの種の雑誌に肩入れしたことの意味が明確になる。いかに犯罪心理学者であったとしても、この種のエンターテイメント的な作業に興味は持たない。明は無意識に推理作家に憧れた昔の自分を取り戻したかのように、喜々としてこの種の作業に取り組んでいた。殺人者となった少年たちの心のひだを丹念にたどりながら、彼は、非行少年がその環境に関わらず、ある一定の割合で存在することを知った。それはなぜなのか。司法精神医学のテリトリーの中に現れる非行少年は多種多様である。環境による非行行為、遺伝的、ないしは、胎内環境からニコチン、アルコール、鉛などに汚染されて、脳が器質的・機能的にダメージを受けて誕生した非行少年たちのいずれも、他の少年とは異ならず皆おしなべて善良な普通の少年のように見える。だが、彼らの引き起こした事件の残忍性は彼らの中に無意識に存在した。司法精神医学が非行少年たちの心を覗《のぞ》いても、それはある一部を見ているにすぎない。影のように付きまとう姿かたちも見えない何らかの要素、それは、人間が誕生したときから持ち合わせている「影」の存在である。人類が人類として生存してゆくときに、誰もが持ち合わせている得体のしれない「影」である。その影の正体を追求するのが、司法精神医学に課された最も重要な課題であろう。

明は、殺人事件とは直接的には関係はないが、地方検察庁からの委託で、刑事事件被告人の精神鑑定や、その他、地方裁判所、高等裁判所から命じられて刑事事件の被告人の精神鑑定を多数行っている。犯罪と精神疾患は密接に結びついている。

彼はかって推理小説を書きたいと夢想したことを思い出した。松本清張から始まる多くの推理作家の作品に肩入れしたときから、自分でも推理小説を書いてみたいという願望を抱いていた。明は結婚してからも、一人になる時間を持ちたく、単身で海外旅行に出かけ、美術館やカフェ、パブをめぐり、夢想に耽《ふけ》り、作家のように小説の筋を脳裏に浮かべて散策することがあった。どこということもなく、誰にも知られずに名も知らない場所を彷徨《ほうこう》することがあった。

明はイギリスのロンドン近郊にあるソールズベリー大聖堂やロンドン中心部にそびえるセント・ポール寺院が好きだった。留学した若き頃にたむろしたケンブリッジ大学キングス・カレッジの礼拝堂(4)の前に青々と広がる芝生で、空に流れゆく雲を眺め、寺院の荘厳な佇《たたず》まいを胡乱《うろん》に眺めているとき、彼の心は遠くはるか彼方へと飛翔し、おびただしい空想の世界が広がるのであった。彼はしばしばロンドンの空を眺めにやってきた。ロンドンの冬はどんよりとして繁華街すら道行く人もまばらであったが、春になると一斉にとりどりの花が咲き乱れ、世界が一挙に花園になるような感慨があった。彼は一人でロンドンの郊外を歩き回り、その時ばかりは、仕事のことも家族のこともすべて忘れた。彼にとって、そうしていられる時間が最高の贈り物だったに違いない。

明の脳裏をかすめるのは、いつまでも長く続く児童・少年犯罪の現実であり、連続殺人犯として収容される殺人者の精神分析であった。犯罪者として育つ因子には何があるのだろう。それは、その子どもが受胎三か月にして、すでに脳細胞の中に組み込まれている遺伝子そのもののせいであろうか。それとも、突然に訪れる劣悪な環境のせいであろうか。

ケンブリッジ大学キングス・カレッジ礼拝堂の前で（2003年頃）

その時、明はまだ、胎児の状況の厳密な位置づけを知らなかった。それは、今日のように医学が胎児の領域にまで立ち入ることが許されず、単に犯罪一般は遺伝、環境のいずれかに存在するという論争がなされている最中であったからだった。とすれば、自分の遺伝的要素はどこにあるのか。なぜ、犯罪心理学、病跡学に拘泥するのか、その意味も理解できなかった。現実に犯罪が行われている。そのこと自体が彼の脳裏を駆けめぐり、何ゆえに犯罪は起こるのか、何ゆえに彼らは殺人をやすやすと実行してしまうのか、単に、精神病の発作とか、環境状況が劣悪であったためであるのか、冷静に精神医学の立場から問題を解決できるすべはなかった。

凶悪な殺人事件が多発した世紀末に、ジャーナリズムはこぞって凶悪犯罪の報道を大々的に取り上げ、犯罪件数が増大するという予測を立てたが、明はこの種のジャーナリズムを激しく批判し、少年犯罪が今後増加する可能性を否定している。ジャーナリズムが騒げば騒ぐほど、事件の凄惨な要素は誇大化され、戦後の日本の少年犯罪がいかに増加しているか、今後ますます増加する可能性を誇張するようになる。明はこの傾向をきっぱりと否定した。

日本では神戸児童連続殺傷事件を皮切りに、それと似たような猟奇事件が多々起こり、マスメディアはこぞって少年犯罪の増加を懸念し、大々的にその傾向を誇張して視聴者をすくませた。彼はこの状況の最中に一躍マスコミの寵児《ちょうじ》となり、連日、テレビで少年犯罪の特徴をコメントした。病にあっても、彼はマスメディアの要請に応じた。現在では、この種の犯罪が少なくなったからか、あるいは、残虐な事件の分析をテレビで放送するというのは道義に反するというコメントが視聴者から送られたからか、かつてのように、残虐な事件の様相は視聴者の前で語られない。

むしろ、少年の人権に配慮して、犯罪学者の言葉をテレビ局側が伝えるという形式をとり、これまでのように犯罪心理学者、犯罪精神分析学者の顔ぶれをテレビで見ることは少なくなった。明が予測したように、少年残虐犯罪数は減少するであろうし、少年犯罪それ自体、元来日本では少ないのだという主張が妥当だということになるのかもしれない。「犯罪統計資料――平成31年1月~令和元年12月犯罪統計【確定値】」（警察庁、二〇二〇年二月十日公開）によれば、重要犯罪で検挙された少年（十四歳以上二十歳未満）の人数は、ここ五年間は減少傾向にあるといえるだろう。しかし、明が予測した引きこもりと高齢親の問題は起きてきているという状況を見据え、これからの人々は現実をしっかりと見つめながら、日本社会の在り方をよく考えなければならないだろう。明はこの現実を痛切に心にとどめていた。

注

（4） ケンブリッジ大学キングス・カレッジ・チャペル
ソールズベリー大聖堂も同様だが、数多《あまた》あるヨーロッパの大聖堂とは異なり、青々とした芝生に囲まれているのがイギリスの大聖堂の特徴である。大学付属の礼拝堂は、十八世紀から十九世紀のゴシック建築とは若干異なり、清楚なイメージを与える。中世のステンドグラスが織細な宗教空間を生み出し、静謐《せいひつ》な埋葬地の役目を果たしている。パイプオルガンとケンブリッジ・キングス・カレッジ合唱団による宗教音楽は時を忘れさせる。その礼拝堂を背景に微笑《ほほえ》んでいる一枚の写真からは、イギリスの大聖堂や大学付属の礼拝堂により、作田明がいかに心洗われたかを推察することができる。

八　キリスト者となる

一九八七年九月、明は西荻聖和クリニックを閉鎖して、埼玉県の北所沢に九六床の北所沢病院を建設、一九九二年には医療法人社団「明雄会」を立ち上げてその理事長となった。多くの病院が明雄会に参加し、彼の生活は多忙を極めた。それに加え、明は、精神保健福祉士、作業療法士、理学療法士、管理栄養士、言語聴覚士、社会福祉士などの仕事、さらに保育所にまで関心を広げた。これらの仕事は時代の要請に応えるための仕事であったからだった。平均寿命が延び、介護を必要とする高齢者が増加する。その人たちに寄り添う専門家たちを支える仕事を、明は率先して担おうと考えたのだ。明はいつの間にか病院グループの運営者として東奔西走する状態になった。

かつて、明は医者ではなく、病院の経営者、あるいは、文学者になろうと思っていたが、作田家のしきたりを尊重して聖マリアンナ医科大学に入学した。初めはどこの大学の医学部でもよかった。医学部を受験する気分ではなく、あまり乗り気ではなかったから、いかに優れた頭脳を持っていたとしても、その気にならなければ医学部へ合格するはずもない。初めて彼は受験に失敗した。適当な気分で受験する限り、いかに秀でた頭脳を持っていたとしても、失敗する。彼は三浪した後、新設の聖マリアンナ医科大学に合格した。これで、やっと、医学大学に入学して医学を修めた証しができる、作田家のしきたりを順守することができる、という半ば義務感からの安堵の入り混じった複雑な気持ちであった。だが、聖マリアンナ医科大学に入学したことが、明の運命を決定的にしたといえるだろう。聖マリアンナ医科大学はカトリック・キリスト教系の大学である。この状況が、彼の人生の決定的な方向を暗示していたのである。

十字架の上で苦悶しているキリスト像を初めて具体的に目の前にして、明は一瞬おののいた。確かに、西欧文学に傾倒していた彼はキリスト教に無知ではなかった。しかし、実際に礼拝堂で十字架上のキリストを見たとき、彼は戦慄《せんりつ》した。彼の鋭敏な感受性がキリストの痛みを捉えていた。このようなキリスト教系の大学では宗教の授業が必修科目である。そこで、彼はキリスト教倫理学や道徳学を学び、キリスト教的人類愛に根差した生命の尊厳を基調とする医者としての使命を自覚した。後に彼は多くの犯罪者や精神病患者に接して、彼らの人生の基礎となる福祉活動に重点を置くようになったが、その遠因はこの大学で学んだキリスト教的愛の精神に基礎づけられていた。

既に述べたように、明はロンドン大学で非行少年や児童の犯罪を主として学んだ。帰国後、明は東京医科歯科大学で犯罪精神医学を学び、福島章教授が上智大学文学部心理学科へ移動すると、彼も福島章の助手のような形で上智大学の非常勤講師を務めた。同時に、彼は東邦大学医学部博士課程を修了した。これで、明は作田家のしきたりによる責務を果たしたのである。一九九九年、「A study on abnormal findings pertaining to the brain in criminals（犯罪者における脳異常所見の研究）」で東邦大学から医学博士の称号を得た。この論文は簡単に言えば、犯罪学と精神医学を結合したもので、後に犯罪心理学が台頭する土壌を作ったと言っても過言ではない。上智大学も聖マリアンナ医科大学と同じようにカトリック系の大学である。二〇〇三年、彼は初めてプロテスタント系の大学、聖学院大学の人文学部人間福祉学科で犯罪心理学と病跡学の非常勤講師を務めるようになった。

カトリックと異なり、礼拝堂にはキリストの十字架はあっても、十字架に張り付けられたキリストの姿はなかった。カトリックとプロテスタントの違いがそこにあると明は気が付いた。(5) 明は十字架のもとで、犯罪心理学と病跡学を講じることにこれまで以上に喜びを感じた。そして彼は、学校法人聖学院の前身である「聖学院神学校」の校内の教会として当初設立された滝野川教会（北区上中里）の協力牧師でもある聖学院大学阿久戸光晴学長（当時）に、教会へ行きたい旨を伝えた。学長は喜んでこの申し入れを受けた。明は求道者として滝野川教会へ通い始めた。

阿久戸学長は長い間、作田明と直接会話する機会はなかったが、彼の執筆した書物は事あるごとに読んでいた。学長は、少年犯罪の原因は家庭にあるという明の心情に心打たれた。しかも明は、多忙な父母の愛を身近に感じる

滝野川教会（撮影：赤田直樹）

余裕もないのに、寂しいとは思わず、母が社会のために働いていることが自慢であったと書いていた。学長はこの心情に感動したのである。明の二人の兄は末っ子の優秀な弟がなぜ転々と大学の非常勤講師をしているのか、彼らは明の仕事がいかに苦難の道を通って高みを目指して歩んでいるのかを全く知らなかった。長兄は、自慢の末弟の彼が聖マリアンナ医科大学に入学した時点で、大学教授の職の道を外れたと慨嘆していたのである。

阿久戸学長が感動した明の書物の中に、犯罪者への感情移入の問題がある。犯罪者を治療する

には自分も同じ目線にまで下がって、彼らと同じ姿勢で事に臨まなければならないということであった。「これはまさにキリストの十字架の業に等しい」と阿久戸学長は衝撃を受けた。作田明の性格を見抜いた学長は慧眼の持ち主である。明は多くの苦難を背負いながら、なおも優しく犯罪者の側に立って物事を解決する、その道をのみ追求した異例の医師であり、学者であり、ある意味で本物の文学者でもあった。そのことを知る者は少ない。

二〇〇五年九月、当時、滝野川教会の牧師であった深井智朗師は、明から受洗の打診を受けた。二〇〇五年十月、宗教改革記念日に洗礼を受ける準備に入ったが、直腸がんがすでに肝臓に転移しており、洗礼式はその年のクリスマスに延期された。その半年後、肺に転移し、余命半年と診断されたが、彼にはその後、五年間の時間が与えられた。明は、自分の書いたものをすべて整理整頓して一冊の本にまとめた。それらは膨大なものになったが、彼はそれに満足することなく、自分が余命いくばくもないことを知りつつ、後生のために文を書き、身に降りかかるさまざまな仕事を苦言も呈せずに黙々とこなした。

二〇〇六年、明は聖学院大学人間福祉学部の客員教授に任命された。(6) その四年後に長兄勉が理事長を務める日本保健医療大学(7)の教授となった。

洗礼を受けて

作田　明

私はキリスト教とはほとんど縁の無い環境に生まれ育ちましたが、子供の頃から歴史が好きで、仏教を含め宗教にも興味を持っておりました。

たまたま聖マリアンナ医科大学に入学したことによって急にキリスト教が身近な存在になりました。他の医科大学ではまずあり得ないことだと思いますが、学生時代には宗教学・哲学・倫理学が必修で、実際にはほとんどキリスト教科目と言ってよい内容でしたが、専門以外の教科には全く関心を示さない学生が多い中で、私は比較的まじめに授業を受けノートを取っていたと思います。

この時期はキリスト教の雰囲気に触れ、それまでに持っていた抵抗感が次第になくなっていった時期であったと思います。

当時衛生学の御指導を頂いていた中村磐男先生に今回教友になって頂いた事もまさに御縁と言うしかありません。

卒業後、東大精神医学教室に入り研修医として二年間を過ごしましたが、この時の主任教授が聖路加国際病院精神科医長であった『甘えの構造』で有名な土居健郎先生でした。土居先生はカトリック信者でもあり、精神医学の指導の中でも、また日常的な会話においてもよくキリスト教の話をされていらっしゃいました。アウグスティヌスの『告白』と少年非行の話、ブドウ畑の話と人間のねたみ・そねみとの関連性といったお話は今でも印象に残っています。

一九八〇年から二年間ロンドンに留学し、この間に半分観光気分で多くの教会を訪れたりしているうちに、英国の教会が人々の日常生活のみならず平和運動や政治に大きな影響力を持っている姿に触れ、帰国したらキリスト教の教会へ行ってみようと考えていましたが、いざ日本に帰ってみると多忙な日々が押し寄せてきて、実行には至りませんでした。

それから約二〇年間、キリスト教には関心があり、キリストやキリスト教に関する本は比較的良く読んでいたと思いますが、同じように仏教にも興味があり、要するに一般的な宗教への関心の一部にとどまっていたと思います。

今から三年前に聖学院大学で非常勤講師として教えることになりました。

ちょうどこの頃、私の身辺では様々な問題が生じており、苦しみ悩む日々が続いていました。

そのうちの一つは私の専門である犯罪心理学に関する問題です。

犯罪心理学とは犯罪者の心理を研究し、ひいては犯罪の予防や減少に役立とうとする学問ですが、そのためにはどんなに凶悪な犯罪者であっても、その人を深く理解するためには感情移入するプロセスがどうしても避けられません。その人のおかれた状況や気持ちがわからなければ、その心理や精神状態の分析ということが不可能であるからです。

しかし、これは実際にはとても大きな苦痛を伴います。できれば犯罪など考えたくない、関わりたくもないという思いはごく普通の人間に共通した感情だと思いますし、私もその一人だからです。

長年やっている仕事で泣き言を言うようではいけないのですが、この問題は解決できないまま私の心の中で膨張し、大きな重荷になってきました。学問の世界において、また社会的にも次第に認められるようになってきたのですが、それに伴って葛藤もまた大きくなってきたのです。

この問題も含め、日頃の様々な苦悩から少しでも楽になることができたらと思い、聖学院に奉職するようになって間もなく、教会へ行ってみたいと阿久戸光晴先生に御話したところ、滝野川教会を教えて頂き「歓迎します」とおっしゃって下さいました。

それから教会に通うようになりました。最初はあまり熱心な求道者ではありませんでしたが、次第に教会に行く事で自分の気持ちが楽になるのを感じるようになり、去年位からは比較的熱心に礼拝に出席するようになりました。

そのうちにただ気分が良くなるだけで教会に通っているのでは中途半端なままで終わってしまうのではないだろうかという思いがこみあげてくるようになりました。

私はとても懐疑主義的な人間で、その事は学問の上では有効な事もありますが、信仰においてはそれを妨げる可能性があると思います。

自分には洗礼にふさわしいだけの信仰心があるのだろうか、また、宗教を信じるとしても、世の中にたくさんある宗派のたった一つを選択するというのはほとんど不可能な事ではないのか、と考えた事もありました。

しかし、実際には信仰心を測るということは困難な事でありますし、自分の考えは単に結論を先延ばしにしているに過ぎないのではないか、と思うようになりました。

深井先生に「まだ勉強が足りないと思いますが」と申し上げたところ、「信仰は勉強とは違うと思います」とおっしゃって頂き、少し気持ちが楽になりました。

こうして洗礼を受けさせて頂くことになり、本当は宗教改革記念日での洗礼という予定

滝野川教会にて（2008 年）

になっていたのですが、その数週間前に直腸癌であることがわかり、急いで手術をしなければいけないという事で、緊急入院し、一〇月二〇日に全身麻酔の手術を致しました。

こうした中で深井先生に手術の前日に病院に御出で頂き、御祈りをして頂いた事は何よりも勇気付けられ、今も感謝の気持ちでいっぱいであります。

幸い術後の経過は順調で次第に体力も回復し、クリスマスでの洗礼を受けることができました。

最初に洗礼を考えた時には自分の体が癌に侵されているという事は全く知りませんでした。それにもかかわらず自分が洗礼を決心したのはまさに神様の御導きによるものだと思いました。

術後に私の信仰心はより強いものになったと感じています。

今回滝野川教会の一枝に加えて頂いた事に深く感謝致しますと共に、一歩一歩信仰生活を歩んで参りたいと決意致しております。

どうぞ、これからも親しくお交わりを頂き、お導き下さいますよう、よろしくお願い申し上げます。

（二〇〇五年十二月　滝野川教会）

注

（5）　カトリックとプロテスタント

およそ二千年前にイエス・キリストが誕生し、イスラエルを中心にその教えを広めた。主イエスが十字架にかかり、三日目に復活し、召天された後、その弟子たちを中心として信仰の拠点となる教会が形成された。約千年後の一〇五四年に、東方教会（ギリシャ正教）と西方教会（ローマカトリック）の二つの方向に分かれ、さらに一五一七年に、ローマカトリックに抗したマルティン・ルターの宗教改革により、プロテスタント教会が形成された。カトリックの教会にはキリスト像・マリア像もあり、聖書の物語を描いた絵画が多いのに対し、プロテスタントでは偶像崇拝を禁止するため、像や絵画がほとんどない。

上智大学は、カトリック・イエズス会の大学である。プロテスタントでは、さまざまに分かれた諸宗派に所属する宣教師が、明治期以降日本にキリスト教を伝導するために、多くのミッション・スクールを設立した。青山学院大学は、アメリカのメソジスト系の三つの学校を源流とし、拡大したミッション・スクールである。幼稚園から大学院までの一貫教育を行う。聖学院大学も、やはりアメリカから派遣されたディサイプル派の宣教師によって創立された学校が基である。聖マリアンナ医科大学は、カトリック系の財団法人聖マリアンナ会東横病院を母体として、医学部だけが独立して創立された医学大学である。

（6）キリスト教学校が果たすべき役割

秋葉原無差別殺傷事件に影響されて、十代、二十代の青少年によるインターネットにおける犯行予告が相次ぐという状況の中で、キリスト教学校が果たすべき役割について、作田明は、第二次聖学院教育会議第3回会同での基調講演「大量殺傷事件についての考察」（二〇〇八年八月五日）の最後に次のように述べた（作田明『精神医学とは何か？──犯罪学と病跡学からのアプローチ：作田明遺稿集』世論時報社、二〇一一年、一六一頁）。ここに、明の信仰が表れている。

こうした状況の中でキリスト教学校が果たすべき役割は極めて大きいであろう。秋葉原のケースもそうであるが、家庭や学校が最近の世の中の競争主義にあおられ、豊かな人間性を育むための情操教育がなおざりにされる傾向がある。これは勝ち組、負け組を作り、いったん負けた者は敗者復活が困難であるという社会風潮を基礎にしている。

この流れに抵抗することは個人ではなかなか困難なことであり、正しい信仰があってこそ生徒や保護者と自信をもって接することができるのだろうと思われる。

敗者復活が可能な社会を作っていくことも大切な課題であろう。しかし人生には失敗もあり挫折もあることは事実である。どういう状況にあっても自分は神に生かされているという。しっかりした信仰心があれば社会を恨み他者を攻撃することなく、むしろ逆境にあっても感謝の心をもって生きていくことができると思われる。一時的な成功や失敗に一喜一憂することなく、また人生の早い段階での軽率な絶望に陥ることなく、困難を耐え忍ぶ力を育むこと、また一人一人が神に愛されていることを確信し、主の栄光を賛美する教育を実践していくことこそ今日私達に与えられた課題であると考えるものである。

（7）日本保健医療大学
埼玉県幸手市の誘致により、千葉県中山市の中山病院理事長の作田勉（精神医学）を理事長として、二〇一〇年（平成二十二年）四月に日本保健医療大学（保健医療学部看護学科）は開学した。「人間性（儒教の三綱五常の精神を基本とする）の高揚（人間性の復活から、人間性の高揚へ）と、共存共栄の精神（共済主義精神）」を建学の理念とし、今日ますます高まってきたチーム医療の必要性に応えるべく、それぞれの専門職の養成と資質の向上に寄与している。

九　魂の躍動と終わりなき生命《いのち》

明は一男二女の子どもに恵まれた。妻の美緒子は三人の子どもを育て、普通の妻として働き、さらにクリニック、病院の開設にあたっては、候補地探しから人事募集の窓口、経理までをこなした。病院の経営が安定してからは、もっぱら家庭での明の相談相手となった。事もなく、いかにも平和な家庭の景色だった。

明は父親として、三人の子どもたちに作田家の「しきたり」を諄々《じゅんじゅん》と語り聞かせたが、また、若き日の自分の身上を思い量った。医者でなければ、それでは何をするべきなのか、自分は子どもたちに何を遺すべきなのか、この心情は一般的な親の考えることではない。子どもは医者の家に生まれたときに、自分は医者になるのだと潜在意識に訴えかけられる。だが明の場合は、親のたっての頼みで医者の免許だけは取るべく苦しみながら医学部に入学した。明の三人の子どもたちは父親の苦しみを知り抜いていた。明は医学以外の学部、経済学、経営学部、人文学部の心理

明夫妻と長男雄太・長女直子・次女耀子
（1996 年）

学の分野で子どもたちが働ける場所を考えなければならなかった。そこまで、先を考える親が存在することは驚異的である。だが明はそれを遂行した。一九九二年にはすでに、長男の雄太と自分の名前を付けた「明雄会」（医療法人社団）を立ち上げていたのである。いずれ雄太は病院の経営者になるだろう。その道筋を作っておかなければならない。無意識に彼の脳裏にはこのような情景が広がっていたと解釈できるだろう。推測を免れないが、この現実の中に、家族を思いやる父親としての明の心意気を十分に感じ取ることができる。

その後、長女は嫁ぎ、夫妻で吉祥寺にいくつかの店舗を経営する実業家となっている。長男は明の死後、病院・介護施設の経営を引き継ぎ、さらに発展させている。次女は大学院を出た後IT企業で働き、自身で起業の準備をしている。

作田明は何かに取り付かれたように多くの病院を経営することに奔走した結果、思いがけなく

「直腸がん」に罹患《りかん》した。五十五歳であった。初めのうちは単なる「痔」ではないかと楽観していたが、様子がおかしいので、まず彼は内科学が専門の次兄の学に事情を告げた。学はその時、杏林大学医学部第一内科の主任教授をしていた。学は驚き、早速第三内科の教授に診断を依頼し、直腸がんと診断された。驚天動地である。さらに、兄の学は手遅れになった直腸がんの転移を知らされ、余命一年と宣告されたことに憤慨した。だが、がんの治療薬は日ごとに効果を増していたので、明は余命を気にすることなく、精力的に働いた。兄の勉は事の次第を知らされ、血便が出た時点で相談してくれれば何とかなっただろうと悔しがったが、明は無言でこの事態を受け入れた。

五十代の若さで、がんの宣告を受けるとは思いもしなかった明は、がんの宣告を受けて以来、怒濤《どとう》のように押し寄せる「何事かの気配」を肌身で感じた。これまでの人生を振り返った。作田家の三男坊として、いったい自分は、何を目的に世の中の役に立つ仕事をしてきたのか。大学の教授ではない。それでも大学にはつかず離れず関わり、いつも何かしら学生たちとの接触を図り慕われている。病院経営は順調で、いつの間にか企業集団の長となっている。テレビや雑誌からは、コメンテーターとしての意見や原稿の依頼が数多く入る。多くの人ならば、それらをすべてこなして満足するだろう。だが、明の心性《しんしょう》は、それを空虚とすることを通り越して、ますます高

ソールズベリー大聖堂

みを目指す。それは、精力的な体躯とメンタリティを持って誕生した者の宿命かもしれなかった。

誰かのために、とくに多くの病める人たちへの挽歌《ばんか》を書かなければならない。明はしばしば一人で、病身を押して外国へ飛んだ。春風の漂うロンドンの町は相変わらず人ごみであふれていたが、一歩郊外に出てソールズベリー大聖堂(8)の前に立つと、しだいに心癒やされる思いが込み上げてきた。彼はイエス・キリストの十字架の前で思いっきり泣いた。「あなたの苦しみに比べれば、私の苦しみなんか、とるに足りない」と、彼は涙を流しながらキリスト像を見上げた。声が聞こえた。「わが子よ。お前は十分に働いた。この世に残すべき仕事は、すべて成し遂げた。だが、ただ一つ、誰も思いつかないであろう、貧しく病む人たちのために働く者への褒賞を、自らの手で生あるうちに造り上げるのだ。愛するわが子よ。それを忘れるでない」。

明はそれが何を意味するのかすぐには理解できなかった。しかし、彼はキリストの声を聞いたときから、自分の中に漂っていた霧がしだいに晴れるのを感じた。

明は自分の死後を考えた。生きている間に成すべきことは何か。まず、学問も含めて社会福祉に貢献した人たちへの記念碑を残そう。「作田明賞」を受け取るべき優秀な人材を選考してくれる選考委員も探さなければならない。そう思った。本来ならば、彼の死後、誰かがいつか、おそらくは三年ほどの年月を重ねた後に、「作田明記念賞」を作るかもしれない。しかし、それは明が自身で成さなければならない大きな仕事であった。これから成すべきことは、「作田明賞」を自分自身が作ることなのだ。それが最後に残された仕事ではないか？　明は咄嗟《とっさ》に立ち上がると、さらに叫ぶように言った。「私は犯罪心理学者だ。犯罪心理学者にして精神科医だ。もし恐れることなく言うことができるのならば、私が手がけた天才のパトグラフィともいうべき多くの著作から、誰か私の病跡学を書いてほしい」。『精神医学とは何か？――犯罪学と病跡学からのアプローチ』、これが自分の遺作になるだろうと感じていた。彼は、痛む体を抱え、キリストの思いを胸に抱きながら、帰国のために急いで機上の人となった。

それから、明は無言のまま、秘書を通してこの二つの仕事にとりかかった。彼は逞《たくま》しく、かつ生き生きとその仕事に埋没した。心身を貫く痛みも苦しみもどこかへ消え失せた。本来ならば、病院のベッドで療養し、家族や親戚の面々が見舞いに訪れて、こもごも何かを言い残して去るところだ。だが、彼は病人としてベッドに横たわることをしなかった。痛みが激しくなると、いつも、彼はどこかへ消えた。

秘書だけが明のすべての動静を把握し、彼の仕事を助けた。

明は、犯罪・非行の防止と、犯罪者・非行少年の矯正・更生に著しい貢献をされた個人や団体の功績をたたえるために、二〇一〇年に「作田明記念財団」を創設した。この財団は、犯罪精神病理学者、犯罪心理学者、刑務所で罪を償い社会に出てきても受け入れ先がなくて困っている人のための受け入れ施設、社会福祉施設、教誨《きょうかい》師などの働きに目を向ける、日本ではこれまであまり類を見ない財団である。第一回の「作田明賞」の最優秀賞は知的障害者入所更生施設の支援スタッフとして働きながら、執筆活動や講演活動を行い、福祉関係者らとともに、「障害のある受刑者の出所後のシェルター」作りに取り組まれた山本譲司氏、優秀賞は虐待や非行などの困難を抱える、主に十代後半の子どもたちの命を支えるために、子どもシェルター、自立援助ホームを運営する「社会福祉法人カリヨン子どもセンター」(理事長：坪井節子)であった。

第一回の受賞者の間に挟まって笑顔で和やかに微笑んでいる少し細めになった明は、これで自

第一回作田明賞受賞者と審査員に囲まれて（2010 年）
（前列右より、山本譲司（最優秀賞）、作田明、坪井節子（優秀賞「カリヨン子どもセンター」理事長）
後列右より、髙野覚（本庄児玉病院院長・明雄会理事長）、塚田隆（岬病院院長）、吉永みち子（作家）、高野隆（弁護士）、江田五月（政治家））

分の一つの仕事を終えたと思った。彼は再び黙々と遺稿集の編集にとりかかった。自分の死後に出版されるはずの書物を書き続けている明の目は輝いていた。しかしついに、薫風吹き渡る二〇一一年六月一日、キリストのもとへと誘われた。享年六十歳であった。彼は発病後、六年近くを生き生きと働き続けたのである。遺稿集は、同年の十二月二十五日、クリスマスに発行された。

盟友影山任佐《じんすけ》（東京工業大学名誉教授）は翌年発行の追悼文集『やさしい眼差し』に寄せた追悼文の中で、「早すぎる死は、とりわけ生きる者への忖度《そんたく》でもある。生と死との対話がこうして生まれる。まさしく死者は生者のうちに生きる。この持続性こそ、死者が獲得する永続性というべきなのか……」と述べている。

ところで、福島章の指摘するように、作田明が精力的に活動し、論文集や書き下ろし書籍などを手がけた時期は二〇〇〇年以降であり、発病後の五年間に集中している。明はそれまで、真剣に学問する、あるいは著作する余裕がないほど、病院経営や大学教授の仕事、テレビ・コメンテーターの仕事に追われていた。発病から六年近くの猶予が与えられたのは、単に看護が誰よりも手厚く、がん治療の技術がこれまでよりも進歩したからではない。それは、明が自分に課した使命のゆえである。明には多くの課題が残っていた。病院経営、教職、学会活動のほかに、犯罪心理学を盤石なものにすること（かつて、犯罪学は医学の領域であり、心理学にはなかった）、犯罪者の病跡学はもとより、天才的な頭脳を持ちながら、あっけなく自死してしまうような数学者たちの心の中の軌跡を探ること。それには、単に精神病理学というよりも心理学的考察の末に編み出される、特異な人間の心の「影」を拾うことが重要である。その影を明確に把握することによって、犯罪者の中に潜んでいる「何ものか」を知悉したいという一途な願望があった。この発想は、テレビや音楽、漫画や映画鑑賞に秀でていた作田明ならではの着想である。彼には、心理学的なある種のこだわりを当該人物の中に見つけてこそ、その人物の個性や特異性が十分に理解できるという確信があった。この点で、明は並みの精神医学者ではなかった。多くの映画や小説、絵画、クラシック音楽、舞踏など、さまざまな芸術の中に潜んでいる「何事か」を把握したかったのだ。
いみじくも、彼に洗礼を授けた滝野川教会の深井智朗牧師は、彼の心を見据え、追悼文に次のように書いた。「……先生は医師として、人生の終わりを、死を動かしがたい事実として知らされましたが、しかし、それを避けたり、そこから逃れようとするのではなく、それを直視し、与えられた人生の日々をどのように生きて行くべきかを、ご自身の人生そのものを通して私たちに教えてくださったのです。それがキリスト者医師であり、教師であった作田明先生の最終講義でもありました。……」。

作田明が還暦の祝いを終えてこの世を去ったときから、十年近くの歳月が流れた。彼には予想もできないものが多々生み出された。人間の知識を超える人工知能（ＡＩ）が人間の生活に入り込み、人手の足りなくなった介護施設や精神病院、福祉施設などの多くの分野で介護ロボットの活躍が期待されている。病気の診断さえ、ＡＩが指示するという驚くべき世界が現出している。さらに人口は減少し、そのために、処理に手間のかかる仕事をＩＴが穴埋めする、そんな世界を彼は考えることもできなかっただろう。作田明は地道にこれまでの方法で、講演し、映画のパンフレットを作り、映画の評論をし、「天才たちのパトグラフィ」を喜々として語り、新たな意気込みで病跡学の構築にいそしんだことであろう。「作田明の病跡学」は歴史の産物として残るだろう。このように一途に病跡学を探求し、人間の無意識の深層にまでたどり着こうとする研究者がかつて存在しただろうか。浅学非才にして筆者は知らない。

注

（8）ソールズベリー大聖堂
イギリスの南西部ウィルトシャー州のソールズベリーにそびえる大聖堂。一二二〇年に起工され、五八年にほぼ完成したこの大聖堂は、短期間で完成されたために、全体の様式が初期イギリス・ゴシック建築に統一された。一三八〇年に完成した一二三メートルもある中心部大尖塔は中期イギリス・ゴシック建築様式（華飾様式）であり、イギリスで最も高い。図書館に保存状態の非常に良い「マグナ・カルタ」のオリジナル写本が保管されていることで有名である。大回廊と中央に二本の樹の茂る中庭は美しく、時が止まったようであり、心洗われる。

おわりに

作田明先生が死去した知らせを受けたとき、私は金沢にいた。

聖学院大学を定年後、金沢のミッション・スクールであった北陸学院短期大学を大学に改組するために派遣されていたのだ。その一年目のことであった。作田明先生から、「作田明記念財団」を設立し、「作田明賞」を創設したので、最優秀賞一名、優秀賞二名、合計三名の犯罪心理学や病跡学者、社会福祉貢献者など、これぞと思う人を推薦してほしいとの連絡を受けた。長い間、教会の牧師として働かれ、北陸学院の院長・理事長となられた楠本史郎先生が、二十五年間、死刑囚を収容している仙台拘置支所や金沢刑務所の宗教教誨師を務められていたことを知り、早速、先生を紹介した。楠本先生が第二回の優秀賞に選出され、東京まで私も一緒に出掛けようとしていたときに、作田先生の訃報が入ったのだ。

衝撃を受け、葬儀も代行を立てて、私は金沢の地に留まった。

私が聖学院大学の人文学部で、犯罪心理学や死生学、心理統計学などを担当していたおり、あまりに担当科目数が多いので、非常勤講師として作田先生に少し担当してもらいたいとお願いした。すると、先生は快く犯罪心理学と病跡学の二科目を担当することを承諾してくれた。

ある日、研究室棟の玄関先の電話のある場所で、作田先生が苦痛の表情を浮かべているのに出会い、どうしたのかと尋ねた。何でもないという返事だったので、私はあまり気にもせず、そのまま別れ、先生とは会うことがなかった。それが、最後に先生と会ったときの情景である。

学生たちの話では、どうやら先生は病気になられて、代講の先生が授業を担当しているということであった。病気になって代講を立てるという事態は、きわめて珍しいことだ。普通は休講にしてしまうものだが、その真面目さになぜかひどく感激したのを覚えている。

私が定年後に金沢へ移った頃の先生は、日本保健医療大学の教授になっていたのではないかと思う。大抵、定年間近になると、これまでの研究をまとめて何か一冊の本を作成しなければならない。多くの場合、学会などで知り合った著名な先生方や教え子たちの寄稿論文で構成される書物である。私は作田明先生にも非行少年に関する問題点を書いてもらった。けれども、原稿は郵送だったので、聖学院大学の研究室棟の玄関先でお会いしたのが最後となったのだ。その時は、先生のがんが発見された直後あたりではなかったかと思う。

当時、私もまた、殺人事件が発生するとテレビのコメンテーターを依頼されたが、金沢に赴任してやっと解放された。だが、金沢でも、事件が起こるとテレビや新聞から呼び出された。当時、アメリカのＦＢＩの犯罪心理分析官が犯罪プロファイラーという名称で呼ばれ、多くの心理学者や精神医学者がテレビに駆り出されていた。それを真似したのか、日本でも専門家がコメンテーターやプロファイラーになって犯罪事件に動員されていた。

このような次第で、作田先生死去の知らせは金沢の地で聞いた。空虚感に襲われ、放心した。なぜか、すべてが虚《むな》しいものに思えた。

夏休みになって帰京したとき、お花を捧げに西荻窪の作田家を訪れた。その家は一度、改修されていると聞いた。改修工事を任された建築家は、先生が英国調の内装を希望されたと追悼文に書いている。ほとんど整理整頓され、余計なものは一切飾らない、瀟洒《しょうしゃ》な英国風の応接間に通された。先生の遺影の前に用意していただいた花瓶に百合の花を活けた。かつて英国に留学されたときの光景が常に先生の脳裏に存在し、その単純でいて奥深い建築のありようを、自宅の改修工事にも反映されたのであろう。何も飾らない部屋の中で笑っている先生の写真に黙礼してひとまず辞した。

何となく、私はイギリスのソールズベリー大聖堂を思い出していた。余計なものは一切飾らない純一な建物の様式は、その人の好みである。先生はイギリスをこよなく愛した。何か心にざわめくものがあると、イギリスへ飛んだ。先生はセント・ポール大聖堂のドームや郊外にあるソールズベリー大聖堂の尖塔を見上げ、その端正な建築に心満たされた。先生はイギリスに留学したときに、さまざまな教会を訪れ、牧師たちと話されたという。何よりもカトリック系の大学で学んだ先生は、プロテスタントの英国聖公会の牧師との出会いで、何かしら戸惑うものを感じられたのではないかとも思う。

病気が昂進して傍らに付き添う人たちを心配させたが、先生はいつの間にかその視野から消える。どこかへ出かけてしまう。誰もそこがどこかは知らなかった。先生は常にイギリスにいた。高い大聖堂の先端を見上げていたのだ。

先生は、一都四県にまたがる首都圏の八六―二四〇床の病院を一四か所、介護老人保健施設を一五か所、そのほか有料老人ホーム、グループホームなど数か所、その他数々の施設を、英国式建造物を参考にして建設したように思う。その工事を任された一級建築士は、そこに「アウトサイダーといわれる人に何かをしてあげたい、何か役に立ちたい」という先生の思いが満ちあふれていたと述べている。病院建設の際に、礼拝堂の内部建築とそっくりの病院が先生の脳裏をよぎったのではないかとも思う。しかし、施設の端正な佇まいはどこか日本風でもある。幼い頃からの整頓好きで、いつも整然としている先生の部屋の雰囲気をそこに感じられたように思う。

作田明記念財団の第一回作田明賞の最優秀賞を受賞した山本譲司氏の笑顔の傍らに、作田明先生の笑顔があった。二年目からは先生不在のまま、この財団は毎年一回、社会に貢献した優れた個人や団体をたたえ、表彰している。第二回からは私も審査員として関わらせていただいている。二〇一九年八月末には第一〇回の授賞式が盛大に行われた。この三名の受賞者の笑顔を、高く晴れ渡った青い空の向こうの片隅から眺めているに違いない作田明先生の笑顔が脳裏をよぎる。


本書は、作田明先生一〇回忌を記念して書かれた伝記である。

伝記作家は多くの場合、対象となる人物の信条やその風体を細密に吟味し、正確に記述するというのが建前であろう。だが、原則に沿った形で伝記を書く人はそう多くはない。大抵は小説のような形になっている。「作田家の人々」というテーマで小説を書く分には作家の心情に基づいて、どんな風にでも書き下ろすことができる。だが、私は伝記作家ではないし、ましてや作家ではない。若かりし頃の作田明先生のように、そんな憧れを持ったこともあったが、日常の喧騒の中では到底小説は書けない。

そんなわけで、できるだけ平易に、誰もが理解できる程度に作田明先生の肖像を文字にした。

もっと詳細に作田明先生の人物像を知りたければ、先生の、とくに終末近くに書かれた書物に目を通してほしい。ストレスは学問を精緻なものにするという福島章先生に倣って、私も稀に見るほどのストレスの中で本書を書き上げた。

なお、学術的な著作や功績、研究者たちの交流、学会での詳細な活動については、福島章先生の「作田明氏のミニ病跡」を参照していただきたい。（福島章「追悼文　作田明『生涯と業績』」、作田明『精神医学とは何か？――犯罪学と病跡学からのアプローチ：作田明遺稿集』世論時報社、二〇一一年、三二一―三五八頁）

「作田明記念財団」の理事長作田美緒子氏、株式会社ユーアンドエヌ常務取締役本間巌氏、日本保健医療大学理事長・総長・教授作田勉先生、一般社団法人日本禁煙学会理事長作田学先生、本庄児玉病院院長・明雄会理事長髙野覚先生、飛松実践犯罪捜査研究所代表・飛松塾主宰の飛松五男先生のご協力により多くの知見を得た。心から感謝申し上げる。とくに、作田勉先生には特別寄稿をお寄せいただいたことに感謝する。

さらに、編集にあたりご協力いただいた聖学院大学出版会の菊池美紀氏、花岡和加子氏には大変お世話になった。心より感謝申し上げる。

二〇二〇年四月十二日　イースターに

聖学院大学名誉教授　丸山久美子

【特別寄稿】

私の弟（作田明）の思い出

日本保健医療大学理事長・総長
国際文化交流事業財団理事長
作田　勉

作田明は三人兄弟の末っ子であり、独特な一生を送った。幼い頃は末っ子として、私たち二人の兄からいろいろ教わって育った。最も影響力が大きかったのは、どの家庭でも同じだが、母親であっただろう。とくに末っ子であったから、母親は明を気遣っていた。明は長男の私とは八歳違い、次男の学とは三歳違いであった。三人の関係は微妙な違いがあり、私と学の間は五歳違いであったから、ケンカにならなかったが、学と明の間は三歳違いであったので、時々ケンカになったりしていた。父は、三人兄弟をまとめるのが容易ではなかったようである。そのため、私が小学校六年の十二歳頃、私にこう言った。

「子どもたちは男の子であり、親の言うことをなかなか聞かない。しかし、勉の言うことには素直に従っているようだから、二人の弟たちをまとめてくれないか」。

私はその頃には小学校六年生であり、安定してきていたし、学校ではクラス委員としてクラスのまとめ役を依頼されていたから、とくに負担に感じることもなく、弟たちをまとめよう、守ってやろう、という気持ちになった。そこで、すぐ下の弟の学は七歳、一番下の明は幼稚園であったから、弟たちを守ってやろうと思い、時には、幼稚園に顔を出して、いじめられていれば助けてやるなどしていた。

ある時、学が父といさかいになって、夜間に家を飛び出してしまった。そこで、私も責任を感じて、後から追ってゆき、近くの池のほとりで追い着いて、慰めて家に連れ帰ったこともあった。また、後に明は、幼稚園でいじめられていたときに、急に私が現れて助けてくれたことがあり、神様が助けてくれた気がした、と語っていた。

勉強においては、明は、母が教えて長男と次男が勉強しているときに、一緒に勉強していることも多かったから、勉強の進みは早かったし成績も良かった。

学校の成績のことでは、私は、自分はできるほうだと思っていたし、試験をやっても大体できると思っていた。四年生のある時、友人と通信簿を見せ合ったことがあった。すると、彼の成績はすべてAだった。私の成績はすべてAというわけではなかったから、世の中には上には上がいるもだと感心したことがあった。

明の小学校の成績は、私の四年生の友人と同じくすべてAであったと思われる。母はその印象を強く持っていたようで、明はいつもAで優秀だったと度々言っていた。

小学校五、六年になると、当時は日本進学教室の全国一斉統一模擬試験があって、それを受けるようになった。私たち兄弟もそれぞれ、小学校六年生になると、東京まで出かけて月一回受けた。私の場合は、担任が田中和歌先生という、優れた中年の女性の先生で、休日には補習授業もして、しっかり教えてくださった。そのお陰で、六年生の四月から、毎回上位一桁に入っており、それが続いていた。六年生の夏休みからさらに成績が上がり、秋には全国で一番の成績を取った。したがって私は、中学入試では開成中学校、慶應中等部の両方を受け、両方受かった。開成は当時坊主頭にしなくてはならず、それがいやで、私は慶應中等部に入学した。

学は、進学教室では一番ではなかったが成績が良く、武蔵中学校に入った。明は、兄の私や学が勉強しているときにいつも一緒に勉強していたので成績は良く、全国模擬試験ではいつも一番だった。母はよくそれを口にし、明はいつも全国一位だから、明がテストを受けに来たというささやきを耳にすると、皆はびっくりして成績が下がってしまったというくらいだった、とも語っていた。

私はそれを聞くと、「僕も一番だったよ」と言ったが、私は六年生の秋には一番になったが、その前は五、六番ぐらいの成績を数回取っていたので、母としてはあまりピンと来ていなかったようで、次の時にはまた、明の成績を褒めていた。

したがって、明は中学校の入試はどこも合格し、武蔵中学校にするか慶應中等部にするか、ずいぶん迷ったようだが、慶應中等部に入った。学は、武蔵中学校・高等学校から東京大学医学部にストレートに入ったのだが、その当時は私のほうが成績が良かったので、私を見習って慶應中等部に入ったのだろう。しかし、これは正しい判断ではなかったかもしれない。慶應は、〝優秀な子を入れて、凡才にして送り出す〟という噂もあったくらいで、慶應では皆あまり勉強しない。その代わりにクラブ活動などをして、人間的には悪くないだろうが、油断すると全国的な学力は落ちてしまい、大学入試になると負けてしまいがちになる。明も中学入試のときに東大コースを選んでいれば真っすぐに進んだだろうが、慶應中等部に入り、その後勉強しなくなったから、あとでつらい目にあった。

明は、体格が良かったので柔道部では大活躍し、キャプテンとして優勝したこともあった。また、クラス委員、生徒会委員などでも活躍した。ただし、慶應では高校三年で生徒会委員長をすると医学部、工学部には行けない、というジンクスがあるといわれていた。私もクラス委員長を高一、高二としていたが、三年は他に譲り、何とか医学部に行けた。

私はこのジンクスのことを説明したが、明は、どうしても高三で生徒会委員長をやると言って立候補し、やり通した。結局、医学部には行けず、外から医学部を受けることになった。それは厳しい道であり、聖マリアンナ医科大学に入ることになった。その後、私が留学していたロンドン大学の大学院を薦め、留学して実力をつけた。それによって法務省に入り、後に、テレビ番組に頻繁に出て犯罪学の解説をするようになり、晩年は華やかであった。

また、自分の病院をやり始め、私も応援して、病院グループをどんどん大きくし、それらは発展している。

残念なのは、大腸がんを軽視して、早く亡くなったことである。

しかし、「作田明賞」を創設して、司法精神医学分野等で活躍した人々を表彰し、社会的に大きな貢献をしたことは、優れた業績であったといえるだろう。

二〇二〇年三月十五日

（二〇二〇年四月十七日急逝、享年七十七歳）

「作田明賞」受賞者一覧

第1回（二〇一〇年）
最優秀賞：山本譲司
優秀賞：社会福祉法人 カリヨン子どもセンター

第2回（二〇一一年）
最優秀賞：NPO法人 セカンドチャンス
優秀賞：特定非営利法人 ほっとポット
優秀賞：北陸学院学院長　楠本史郎

第3回（二〇一二年）
最優秀賞：龍谷大学法科大学院教授　浜井浩一
優秀賞：千房株式会社代表取締役　中井政嗣
優秀賞：女性歌手デュオ　Paix^2（ぺぺ）

（詳しくは、作田明オフィシャルサイト
www.sakuta-akira.com/index.html をご覧ください）

第4回（二〇一三年）

最優秀賞：東京ダルク代表・ＮＰＯ法人アパリ理事長　近藤恒夫
優秀賞：更生保護法人両全会理事長　小畑輝海
優秀賞：小森法律事務所代表　小森　榮

第5回（二〇一四年）

最優秀賞：一般社団法人「全国地域生活定着支援センター」代表理事・社会福祉法人「南高愛隣会」前理事長　田島良昭
優秀賞：ＮＰＯ法人五仁會代表　竹垣　悟
優秀賞：ＮＰＯ法人「性犯罪加害者の処遇制度を考える会」性障害専門医療センター（SOMEC）代表理事　福井裕輝

第6回（二〇一五年）

最優秀賞：大阪大学大学院教授　藤岡淳子
優秀賞：ＮＰＯ法人ロージーベル理事長　大沼えり子
優秀賞：曹洞宗清源寺 住職　川越恒豊

第7回（二〇一六年）

最優秀賞：ＮＰＯ法人静岡司法福祉ネット明日の空　代表　飯田智子

優秀賞：岡田クリニック　院長　岡田尊司
優秀賞：一般社団法人東京TSネット

第8回（二〇一七年）

最優秀賞：堂本暁子（元千葉県知事）
優秀賞：NPO法人マザーハウス理事長　五十嵐弘志
優秀賞：福島大学大学院教授　生島　浩

第9回（二〇一八年）

最優秀賞：NPO法人食べて語ろう会理事長　中本忠子
優秀賞：立正大学文学部教授　小宮信夫
優秀賞：ヤエス第一法律事務所主宰・更生保護法人「更新会」の理事長　古畑恒雄
優秀賞：タレント 八幡　愛

第10回（二〇一九年）

最優秀賞：北洋建設株式会社代表取締役　小澤輝真
優秀賞：株式会社ヒューマンハーバー代表取締役　副島　勲
優秀賞：NPO法人奄美青少年支援センターゆずり葉の郷所長　三浦一広

作田明の著作

（各書の内容については、作田明オフィシャルサイト
http://www.sakuta-akira.com/media.html もご参照ください）

単著

作田明『精神医学とは何か――犯罪学と病跡学からのアプローチ：作田明遺稿集』世論時報社、二〇一一年

作田明『犯罪心理研究の独自の視点』世論時報社、二〇一〇年

作田明『面白くてよくわかる！犯罪心理学――犯罪に誘われる心理の謎を知る大人の教科書』アスペクト社、二〇〇九年

作田明『犯罪と非行をめぐって』世論時報社、二〇〇八年

作田明『性犯罪の心理――あなたは性犯罪の実態をどこまで知っているのか？』河出書房新社、二〇〇六年

作田明『現代殺人論』ＰＨＰ研究所、二〇〇五年

作田明『新しい犯罪心理学』世論時報社、二〇〇五年

作田明『複合犯罪』勉誠出版、二〇〇五年

作田明『なぜふつうの子供達が犯罪少年になっていくのか』アドア出版、二〇〇二年

作田明『精神医学と犯罪学』世論時報社、二〇〇〇年
作田明『天才たちのパトグラフィ』新樹社、一九九九年

共著

中村俊規・小田晋・作田明『脳と犯罪/性犯罪――通り魔・無動機犯罪』作田明・小田晋責任編集、心の病の現在5、新書館、二〇〇六年
作田明・小田晋・西村由貴『刑法39条――なぜ精神障害者は許されるのか:少年犯罪少年法/犯罪捜査プロファイリング』作田明・小田晋責任編集、心の病の現在4、新書館、二〇〇六年
作田明・小田晋『うつ病/統合失調症――人格障害行為障害』作田明・小田晋責任編集、心の病の現在3、新書館、二〇〇六年
作田明・西村由貴・大西守・寺沢英理子『DV(ドメスティックバイオレンス)――不安神経症パニック障害/児童虐待親殺し』作田明・小田晋責任編集、心の病の現在2、新書館、二〇〇五年
作田明・西村由貴・村上千鶴子『ニートひきこもり――PTSD外傷後ストレス障害/ストーカー』作田明・小田晋責任編集、心の病の現在1、新書館、二〇〇五年
作田明・福島章編『現代の犯罪』新書館、二〇〇五年

監修

作田明監修『なぜ、バラバラ殺人事件は起きるのか?――殺人+死体損壊を生む心の闇を解き明かす』辰巳出版、二〇〇七年

作田明監修『漫画キャラクター精神分析極秘カルテ』青春出版社、一九九八年
作田明日本語版監修『週刊マーダー・ケースブック――世界を震撼させた殺人事件の真実』1―96巻、省心書房（一九九五―一九九七年）・デアゴスティーニ（一九九七年）

分担執筆

丸山久美子編著『21世紀の心の処方学――医学・看護学・心理学からの提言と実践』アートアンドブレーン、二〇〇八年
高橋都・一ノ瀬正樹編『死生学5』東京大学出版会、二〇〇八年
山上皓編『司法精神医学3』中山書店、二〇〇六年
福本修・斎藤環編『精神医学の名著50』平凡社、二〇〇三年
中田修・小田晋・影山任左・石井利文編著『精神鑑定事例集』日本評論社、二〇〇〇年
福島章・高橋正雄編『臨床精神医学講座S8巻　病跡学』中山書店、二〇〇〇年
町沢静夫総監修『わが息子の心の闇』小学館、二〇〇〇年
下中直人編『世界大百科事典アルマナック』平凡社、二〇〇〇年
福島章編著『現代の精神鑑定』金子書房、一九九九年
風祭元・山上皓編『臨床精神医学講座19巻　司法精神医学・精神鑑定』中山書店、一九九八年
福島章編『犯罪ハンドブック』新書館、一九九五年
逸見武彦編集企画『法と精神科医療（精神科MOOK No. 17）』金原出版、一九八七年

訳書

Christopher Cordess, Murray Cox編『司法心理療法――犯罪と非行への心理学的アプローチ』（原題 Christopher Cordess and Murray Cox (eds.), Forensic Psychotherapy）作田明監訳、岩井昌也・滝沢綾乃・寺島吉彦・前田綾子訳、星和書店、二〇〇四年

デイヴィッド・ジョーンズ『児童性的虐待』（原題 David P. H. Jones, Interviewing the Sexually Abused Child: Investigation of Suspected Abuse）作田明・一前晴子訳、世論時報社、二〇〇一年

D・J・ウェストほか『性的攻撃』（原題 D. J. West et al., Understanding sexual attacks）作田明訳、金剛出版、一九八五年

A・H・チャップマン『サリヴァン治療技法入門』（原題 A. H. Chapman, The Treatment Techniques of Harry Stack Sullivan）作田勉監訳、安野英紀・北里信太郎・作田明・作田啓子訳、星和書店、一九七九年

作田明年譜

（年齢は年初時）

一九五〇年（昭和二五年）〇歳	六月二九日　千葉県市川市山中で、中山病院院長父・淳、同医師の母・静子の三男として生まれる。兄は作田勉（中山病院理事長、日本保健医療大学理事長・総長）、次兄学（（社）日本禁煙学会理事長）
一九五七年（昭和三二年）六歳	四月　市川市菅野の日出学園小学校入学
一九六三年（昭和三八年）一二歳	四月　慶應義塾中等部入学
一九六六年（昭和四一年）一五歳	四月　慶應義塾高等学校入学
一九七二年（昭和四七年）二一歳	四月　聖マリアンナ医科大学医学部入学
一九七八年（昭和五三年）二七歳	六月　東京大学付属病院精神神経科医局入局

一九八〇年（昭和五五年）　二九歳
六月　英国留学のため同病院退職
一〇月　キングス・カレッジ・ロンドン精神医学研究所に留学。モーズレイ病院で研究活動を始める

一九八二年（昭和五七年）　三一歳
六月　留学より帰国
八月　八王子医療刑務所精神科入職（法務技官）
一〇月　東京医科歯科大学難治疾患研究所入学（犯罪精神医学部門専攻生）

一九八三年（昭和五八年）　三二歳
一〇月　河野美緒子（銚子、大谷津医院河野晃院長長女）と結婚

一九八四年（昭和五九年）　三三歳
一一月一三日　長女・直子誕生

一九八五年（昭和六〇年）　三四歳
三月　八王子医療刑務所退官
四月　市原学園（少年院）医務課長入職（法務技官）
一〇月　東京医科歯科大学難治疾患研究所修了

一九八六年（昭和六一年） 三五歳	九月　市原学園を退職 一〇月　東京都杉並区に西荻聖和クリニック開設 一二月三日　長男・雄太誕生	
一九八七年（昭和六二年） 三六歳	九月　埼玉県所沢市に九六床の個人病院「北所沢病院」を開設、院長となる	
一九八八年（昭和六三年） 三七歳	日本病跡学会理事となる	東京・埼玉連続幼女誘拐殺人事件（宮崎勤事件）（一九八八年八月二二日・一〇月三日・一二月九日・一九八九年二月六日・六月六日）
一九八九年（平成元年） 三八歳	「岬病院」開設	
一九九〇年（平成二年） 三九歳	八月二一日　次女・耀子誕生	

一九九二年（平成四年） 四一歳	北所沢病院を医療法人の本部組織とし、医療法人社団「明雄会」を設立	
一九九七年（平成九年） 四六歳	『犯罪心理研究』誌の発行を目的として、「（株）日本犯罪心理研究所」を設立	神戸児童連続殺傷事件 （酒鬼薔薇事件）（二月一〇日、三月一六日、五月二七日）
一九九八年（平成一〇年） 四七歳	上智大学文学部心理学科非常勤講師	和歌山毒物カレー事件 （七月二五日）
一九九九年（平成一一年） 四八歳	東邦大学医学部博士課程修了。医学博士 『天才たちのパトグラフィ』（新樹社）、『現代の精神鑑定』（金子書房、分担執筆）	
二〇〇〇年（平成一二年） 四九歳	筑波大学医学部心理学非常勤講師 日本病跡学会総会会長を務める 『精神医学と犯罪学』（世論時報社）	豊川市主婦殺害事件 （五月一日） 西鉄バスジャック事件 （五月三日） 世田谷一家殺害事件 （一二月三一日）

二〇〇一年（平成一三年） 五〇歳	医療法人社団「寿光会」設立。介護老人保健施設「エスポワール岬」を開設 「栗原病院」を開院 グループはその後、病院、介護老人保健施設、有料老人ホーム、グループホーム、施設併設の保育園の設立へとつながり、発展している	大宮看護師バラバラ事件 （四月七日）
二〇〇二年（平成一四年） 五一歳	『日本病跡学雑誌』編集委員となる 『なぜふつうの子供達が犯罪少年になってゆくのか』（アドア出版）	北九州監禁連続殺人事件 （三月）
二〇〇三年（平成一五年） 五二歳	聖学院大学人文学部人間福祉学科非常勤講師	長崎男児誘拐殺害事件 （七月一日）
二〇〇四年（平成一六年） 五三歳	精神科療養病棟および認知症病棟合わせて二四〇床からなる「三芳の森病院」を開院	佐世保小六女児同級生殺害事件（六月一日）

二〇〇五年（平成一七年） 五四歳	『複合犯罪』（勉成出版）、『新しい犯罪心理学』（世論時報社）、『現代殺人論』（PHP研究所） 一〇月三一日（宗教改革記念日）に、日本基督教団滝野川教会で受洗の予定であったが、直腸がんの手術のためかなわず、クリスマスに深井智朗担任主任牧師より受洗	板橋両親殺害事件 （六月二〇日）
二〇〇六年（平成一八年） 五五歳	聖学院大学人間福祉学部福祉学科客員教授 『性犯罪の心理』（河出書房新社）	秋田児童連続殺害事件 （四月一〇日、五月一八日） 奈良自宅放火母子三人殺害事件（六月二〇日） 新宿・渋谷夫バラバラ殺人事件（一二月一六日）
二〇〇七年（平成一九年） 五六歳	『なぜ、バラバラ殺人事件は起きるのか？』 （辰巳出版）	渋谷区短大生切断遺体事件 （一月三日） 会津若松母親殺害事件 （五月一五日）

二〇〇八年（平成二〇年） 五七歳	『犯罪と非行をめぐって――作田明対談集』（世論時報社）
二〇〇九年（平成二一年） 五八歳	精神科一般外来および認知症治療病棟合わせて一二〇床の「本庄児玉病院」を開院
二〇一〇年（平成二二年） 五九歳	日本保健医療大学保健医療学部教授 「作田明記念財団」を設立 『犯罪心理研究の独自の視点』（世論時報社）
二〇一一年（平成二三年） 六〇歳	介護老人保健施設「エスポワールさいたま」開設 六月一日、直腸がんの転移により、東京女子医科大学病院で死去

没後

二〇一一年（平成二三年）	一二月二五日　『精神医学とは何か？——作田明遺稿集』（世論時報社）
二〇一二年（平成二四年）	一〇月一五日　作田明追悼文集「やさしい眼差し」（世論時報社）

著者紹介

丸山　久美子（まるやま　くみこ）

東京都出身。青山学院高等部、大学、大学院修士（心理学）、文部省統計数理研究所統計技術員養成所専攻科修了。東京大学大学院教育心理学特別研究生、外務省長期派遣留学生として、アメリカ・イリノイ大学大学院（数理心理学）留学。青山学院大学文学部助手、盛岡大学教授、聖学院大学教授、ドイツ・ケルン大学客員教授（1995-96）、北陸学院大学教授などを歴任。

現在、聖学院大学名誉教授。林知己夫賞受賞（日本行動計量学会、2009年）。

［**著書**］『心理統計学――トポロジーの世界を科学する』（アートアンドブレーン）、『北森嘉蔵伝』（教友社）、『林知己夫の生涯』（新曜社）、「双頭の鷲――北條時敬の生涯」（工作舎）、「21世紀の心の処方学――医学・看護学・心理学からの提言と実践」（編著、アートアンドブレーン）。

作田《さくた》明《あきら》の生涯《しょうがい》
——犯罪精神医学者《はんざいせいしんいがくしゃ》の歩《あゆ》んだ誇《ほこ》り高《たか》き里程《りてい》

2020年8月25日　初版第1刷発行

著　者　丸　山　久美子
発行者　清　水　正　之
発行所　聖学院大学出版会
〒362-8585　埼玉県上尾市戸崎1番1号
TEL 048-725-9801
FAX 048-725-0324
E-mail: press@seigakuin-univ.ac.jp
印刷所　株式会社クイックス

ISBN978-4-909891-05-1　C0023

第Ⅱ部

スピリチュアルケアの可能性
——精神科領域におけるニーズおよび担い手としての
ソーシャルワーカー　田村　綾子
祈りのスピリチュアルケア
——宗教や信仰を持たない人への「執り成しの祈り」　窪寺　俊之

窪寺俊之
ISBN978-4-909022-78-3（2017）

スピリチュアルケア研究
——基礎の構築から実践へ

4,800円（本体）

第Ⅰ部

第一章：「宗教的思考」から「スピリチュアルな思考」へ
——H・S・クシュナーの悲嘆を中心に
第二章：「スピリチュアル／宗教的ケア」の役割と課題
——高見順と原崎百子の闘病日記の比較研究
第三章：スピリチュアルケアと信力との一考察
第四章：祈りのスピリチュアルケア
——宗教や信仰を持たない人への「執り成しの祈り」
第五章：スピリチュアルヒストリー法——経験値は有効か
第六章：〈信望愛〉法の可能性
——スピリチュアルヒストリー法の一つとして
第七章：「スピリチュアリティとは何か」をあらためて問う

第Ⅱ部

第八章：スピリチュアルケアと自殺念慮者へのケア
第九章：生きる意味を求めて——ホススピスの経験から考える
第十章：スピリチュアルなものへの魂の叫び
第十一章：スピリチュアリティと心の援助

スピリチュアルケアを学ぶ 5 ISBN978-4-907113-10-0（2014）

愛に基づくスピリチュアルケア
――意味と関係の再構築を支える 2,300 円（本体）

第 I 部

新しい人生の希望――ホスピス医療の現場から 山形　謙二
ホスピスケアの目指すもの
――ケアタウン小平の取り組み 山崎　章郎
在宅ホスピスケアと医の原点 川越　　厚

第 II 部

スピリチュアリティの架橋可能性をめぐって 小森　英明
スピリチュアルアセスメントとしてのヒストリー法
――「信望愛」法の可能性 窪寺　俊之

スピリチュアルケアを学ぶ 6 ISBN978-4-907113-18-6（2016）

スピリチュアルケアの心
――いのちを育む力・委ねる力 2,300 円（本体）

第 I 部

いのちを育むホスピスケア――死にゆく人に生かされて 細井　　順
死に対峙している魂の苦悩にどのように応えるか
――ホスピスの現場から 下稲葉康之
がん医療の現場から見た心の問題 大西　秀樹

第 II 部

スピリチュアルケアと信力の一考察 窪寺　俊之
スピリチュアルケアと〈他者論〉 伊藤　高章

スピリチュアルケアを学ぶ 7 ISBN978-4-907113-19-3（2016）

スピリチュアルな存在として
――人間観・価値観の問い直し 2,300 円（本体）

第 I 部

心へのケアと癒やし
――スピリチュアリティとユーモア アルフォンス・デーケン
心身の病とたましいのケア
――大切だけれど忘れがちなこと 田村　綾子
押しつけられた健康観から自由に
――〝健康〟が義務となる検査社会の中で 関　　正勝
二一世紀社会へのスピリチュアリティ論の貢献
――平和とスピリチュアリティ 阿久戸光晴

スピリチュアルケアを学ぶ 4　ISBN978-4-907113-05-6（2013）

スピリチュアルケアの実現に向けて
――「第 18 回日本臨床死生学会大会」の取り組み』　2,300 円（本体）

はじめに――スピリチュアルケアの実現に向けて　窪寺　俊之

第 I 部　人間成長を目指すケアの実践

マーガレット・ニューマンの「拡張する意識としての健康」の理論に基づくパートナーシップのケア
――死に直面して窮地に陥った患者と看護師のパートナーシップによる実践例紹介　高木　真理

スピリチュアルペインとそのケアへ医療者としてどう向きあうか　原　敬

チャプレンという専門職の立場からスピリチュアルケアを考える　小西　達也

第 II 部　スピリチュアルケアを制度に載せる

看護の中のスピリチュアルケアをどのように教育するか
――教育現場での現状と課題　本郷久美子

米国産の宗教コーピング尺度 RCOPE（Pargament et al., 2000）
――尺度開発と日本での活用上の課題　松島　公望

尺度開発と尺度を活用したスピリチュアリティ支援の方向性と課題　三澤　久恵

社会保障と費用――制度と実践　河　幹夫

第 III 部　スピリチュアリティの架橋可能性をめぐって

チベット医学がスピリチュアルケアに貢献できること　小川　康

時代背景と、現在の緩和ケア事情　庭野　元孝

東日本大震災以後における日本のスピリチュアルな世界　正木　晃

キリスト教のスピリチュアリティ
――超越、他者、タブーをめぐって　松本　周

第 IV 部　東日本大震災を受けとめて

東日本大震災の被災者、遺族として
――死を見つめて生きた日　尾形　妙子

阪神淡路大震災から一八年
――希望の中に生きるということ　尹　玲花

哀しみを語り伝える――旧約聖書の嘆きに聴く　左近　豊

◆◇◆　聖学院大学出版会の本　◆◇◆

柏木　昭・中村磐男 編著　ISBN978-4-915832-97-0（2012）

ソーシャルワーカーを支える

人間福祉スーパービジョン

2,800 円（本体）

高齢化とそれに伴う医療需要の増加により、保健・医療・福祉の連携が要請され、地域包括支援センター、病院の地域医療連携室、さらに退院支援、在宅医療､在宅介護などを例にとっても､ソーシャルワーカーへの期待は高まっている。本書は「スーパービジョン」および「スーパーバイザーの養成」の重要性を明らかにし、ソーシャルワーカーを支援しようとするものである。

第Ⅰ章　総説――人間福祉スーパービジョンとは何か
第Ⅱ章　スーパービジョンの意義と目的
第Ⅲ章　スーパービジョンの内容
第Ⅳ章　スーパービジョンの方法
第Ⅴ章　ピアグループの効用と課題
第Ⅵ章　チームワークとスーパービジョン
第Ⅶ章　ソーシャルワークの現状と課題
第Ⅷ章　聖学院大学人間福祉スーパービジョンセンターにおける実践
第Ⅸ章　聖学院大学人間福祉スーパービジョンセンター――現状と課題

郡司篤晃 著　ISBN978-4-907113-15-5（2015）

安全という幻想
――エイズ騒動から学ぶ

2,000 円（本体）

なぜ日本の血友病患者にエイズ感染が広がり、そのことについての誤った責任追及が行われたのか。これまで明かされることのなかった真実と悲劇を繰り返さないための政策提言。エイズ政策の意思決定にかかわり、日本社会の危うさと病理を実感し続けてきた当事者が 30 年越しに綴る。

第一章　エイズの侵入と初期対応
第二章　研究の進歩と知見の変化
第三章　エイズ訴訟と和解に向けての動き
第四章　国々の対応
第五章　より良い社会づくりのために
第六章　思うこと
